뜨거운 채색

정순희 시집

문학공원 기획시선 22

뜨거운 채색

정순희 시집

자서

다시 가을이다

암이란 고개를 넘으면서 첫 시집을 냈는데
그 첫째가 벌써 여덟 살이다

통증이 암보다 백 배는 더했던 대상포진,
지옥문 입구까지 날 끌고 갔던
그 녀석을 달래면서 두 번째 시집을 엮는다
터울이 참 길다
아프고 위험한 일을 겪고서야
결실에 대해서 고민을 하나보다

고비고비 함께 넘느라 고생하신 분들과
시집 내라고 창작지원금을 주신
한국예술인복지재단에 깊이 감사드린다

2023년 가을

소진 정 순 희

1부

고향이 있는 사람은

2부

사계의 멜로디

3부

시 밖에서 시를 보다

4부

무한 반복의 기도

5부

나무가 바람에게

1부

고향이 있는 사람은

만우절

작심삼일의 정월을 보내고
작심을 다잡는 이월도 가고
다잡은 작심도 봄눈처럼 녹아버린
춘삼월의 꼬리에 붙은 사월 초하루

정월 이월 삼월
이룬 것 개뿔도 없으니
유쾌한 일로 위안이나 삼으라고
거짓말 대회 허용했을까
속일지 속을지 아침부터 즐겁다

운주산*에 대형 산불이 났다카네
핸드폰이 요란하다
걱정 마라 내가 방금 끄고 왔다
메아리가 없는 걸 보니
혼자 웃고 있겠지
즐거운 거짓말에 하루가 가볍다

* 운주산 : 행정구역은 영천시 임고면, 영천시 자양면, 포항시 기계면 등 3개 면을 끼고 있는 산.

고향이 있는 사람은

고향이 있는 사람은
여름밤 시냇가 강변에서
엄마가 벗어놓은 겉옷을 덮고
밤하늘을 보는 것이지요
엄마의 옷은 너무나도 포근해서
찬물로 식힌 어린 몸에는
솜이불보다 따뜻했지요

여기저기 별자리를 찾다가
별들이 내려오는 것도 모르고
스르르 잠이 들어버려요
엄마가 목욕을 마치고
가만가만 나를 흔드시지요
눈을 떴을 때 밤하늘은 온통 별밭
그렇게 아름다운 세상 또 없었어요

별은 빛나고 엄마의 옷은 더없이 따뜻하니
세상 행복을 전부 품에 안는 것
고향이 있는 사람은
여름밤 시냇가 강변에서
엄마가 벗어놓은 겉옷을 덮고
밤하늘을 보는 마음이지요

잠재 속의 낭만

난방 어중간한 실내에서 떨다가
출입문 열자 햇살이 봄날이다
가끔 틈을 보이는 한겨울 날씨, 그
찰나의 느낌에 딸려 나오는
거미줄 같은 추억 한 꼬타리

아! 따뜻하다
앉아서 이 잡았으면 참 좋겠네

눈이 오기까지

거룩하고 높은 하늘은 죄악으로 검어진 세상
표백시킬 작정으로 오랜 날을
묵묵히 굽어보았을 것이다
말없이 보다가, 보다가, 보다가
갈등 끝에 결단을 내렸을 것이다
깊은 사색 속에 회색 침묵이 쌓이는 동안
세상은 습관 된 오만을 자각하여
숨죽인 고요로 몸을 사렸을 것이다

곤한 잠에 빠진 아기가 기저귀를 적시는 시간쯤
때마침 닭장 속이 부산스러워지는 소리 맞춰
하늘은 소리 없이 그 큰마음을 열었을 것이다
세상의 오만과 온갖 검은 술수는
한낱 먼지 되어 티끌 되어 날리다가

새벽을 쓸고 있는 환경미화원의
연두색 빗자루에 밀리며, 쓸려가며
열린 하늘이 쏟아내는 거룩한 응징을 만났을 것이다
곧은 절節도 꺾여버릴 엄숙한 고요
그 끝에 백기를 꽂으며 하늘의 의도대로
세상은 하얗게 제 몸을 묻어갔을 것이다

그해의 첫눈

쇠죽을 끓이러 새벽에 일어나신 아버지께
첫눈은 자신의 존재를 소담스레 알렸다
아버지께서는 변소에 다녀오셨는지
방문 앞에서 사선으로 발자국을 찍으시고
부엌 옆 모퉁이에도 고무신 자취를 뚜렷이 남기셨다

쇠죽솥에 장작불을 지피시고
손가락 한마디만한 눈돌을 만들어
내 얼굴에 얹어서 잠을 깨우신 아버지
투덜대며 떠본 내 실눈에 가득 차는 눈 풍경

올해는 기필코 친구들 중 내가 일 등 해야지
내가 먼저 눈과 인사하고 눈이랑 악수하고
일 등으로 첫눈에게 내 이름 알려야지

해가 뜨지 않아도 눈빛으로 환한 새벽
후다닥 골목으로 뛰어나가
앞 거랑 다리까지 단숨에 내달았는데
아! 이건 너무해
올해도 너에게 일 등을 뺏기다니

자호천을 가로질러
재일교포가 놓아준 콘크리트 다리 위엔
언제 다녀갔는지 이미 쌔미의 필체가
눈 위를 약 올리며 걷고 있었다
"첫눈의 주인은 바로 나야. 쌔미 다녀가다!"

고욤을 추억하며

겨울바람은 참 부지런했다.
잠시도 쉬임없이 기나긴 밤을
창공에 등불 하나 걸어 놓고
제멋대로 마당 청소를 했지
바스락거리며 마른 잎을 쓸고
휘휘 두엄 위의 지푸라기들을 날렸다

참 신기했다, 그 소리는
언제나 우리들의 식욕을 자극했거든
때론 문고리를 흔드는 바람이
단지 속에서 곰삭아 조청 된 고욤을
한 바가지씩 퍼내 오게 했다
잊을 수가 없네, 혀끝에 감기는 달콤함
대개는 씨가 살보다 많았으나
쪼록 혀를 내밀어 뱉어내는 재미도 놀이였지
그 재미 어머니는 이미 알고 계셨나 보다
먹을 것도 없는 열매를
겨울마다 저장하신 걸 보면

지금도 휘영청 달이 밝고 바람 소리 거칠면
조그만 고욤 열매가 보고프다
혀끝에 맴도는 그 맛이 그립다
고욤보다 달콤한 우정의 향기가 특별했던
우리들의 유년은 간식 하나에도
맛과 재미가 함께했기에 이리도 그리운가 보다

목단이 피던 집

변소 옆 둔덕의 홰나무는 참으로 우람했다 그 옆으로 담을 뚫어 통하던 옆집엔 조약造藥에 능한 할매가 살았지 산으로 들로 할매의 다래끼는 늘상 부자였다 마당에도 밭에도 약초 풍년, 약재이면서 화려한 작약꽃 만개의 장관은 지금 생각해도 가슴 설렌다

담 밑에 두어 군데 무리진 목단꽃은 수적인 열세에도 위엄을 보였다 강아지보다 내가 더 열심히 드나들던 홰나무 옆의 좁은 길, 울타리에 걸려 옷이 찢어지고 때로는 다리에 붉은 빗금을 그어가며 꽃밭에서 살던 그때 비로드 같은 목단꽃을 만지작거리다가 씹어도 보다가 우리 집 화단과 바꾸고 싶기도 했던 그 집의 풍경이 슬프게 바뀌던 날은 노을이 유난히도 붉었다

의사 빰치던 할매, 그 남편이 아이러니하게도 변을 못 본다고 했다 어느 저녁답에, 노을을 등에 지고 할배는 노을보다 더 붉은 얼굴로 목단꽃 옆에 쭈그리고 앉았다 할매는 꼬챙이로 물리적 결단을 행하고 있었는데 어린 나는 보았다 목단꽃보다 더 빨간 꽃방울이 할배의 쭈그린 아래로 뚝뚝 떨어져 내리는 참상을!

목단도 노을도 할배의 지독한 변비처럼 말문이 막힌 채 그저 얼굴만 붉히고 있었다 할매는 자신이 만든 용한 약으로도 복병을 잡아내지 못했는지 온 동네를 구원하던 의원의 실력은 어디 가고 소통의 길을 끝내 찾지 못했다 시든 목단꽃처럼 검붉은 얼굴로 할배는 허무하게 떠나버리고 목단꽃은 해마다 할매의 울음처럼 붉디붉게 피고 있었다

발굴 혹은 발견

디딜방아를 아시나요 시골 생활의 필수였습니다 곡식을 찧거나 빻는 일을 맡아서 해주었지요 찧는다는 말은 벼 보리 조 등의 껍질을 벗기는 것을 의미하고 빻는다는 말은 쌀이나 밀, 고추의 가루를 낸다는 뜻입니다 용도에 따라서 사용하는 고股가 달랐지요 찧는 건 쇠로 만든 고를 사용하는데 얼금얼금 홈이 파여 있었고, 빻는 고는 나무로 깎아 만든 단단하지만 밋밋한 거였지요

그런데 경상도 말로 쓿는다는 말이 있었는데요, 예를 들어 소리 나는 대로 발음을 하자면 "보리 씰그러 가자, 나락 씰그러 가자"라고 했지요 무슨 말이냐 하면요, 벼나 보리의 겉껍질만 슬쩍 벗기는 것을 쓿는다고 했습니다 지금의 현미쌀이 거기에 해당되겠네요 악센트는 '씰'에다가 줍니다 저는 그 말을 어떻게 쓰는지 늘 궁금했습니다 도무지 표준말이 무엇인지 몰랐거든요. 아! 그런데 말입니다 드디어 알아냈지 뭡니까! 바로 이렇게 쓰더군요

[쓿은-쌀 [쓰른-][명사] 쓿어서 껍질을 벗긴 흰쌀.] 제 맘대로 지어낸 말이 아니고요 국어사전에서 찾은 거예요 놀라웠습니다 궁금해 죽을 일은 면했으니 얼마나 다행입니까! '쓿'자가 있다는 사실도 놀라웠고, 바로 그 글자가 우리 고향에서 쓰던 '씰는다'는 말이라는 사실, 경이로움 그 자체였습니다 아니라고요? 다른 말이라고요? 이 예를 살펴보시면 이해가 쉬울 거예요 '쓸데없는'을 경상도에선 '씰데없는'으로 발음한다는 사실은 아시지요?

바로 그거예요, 그러니 정말 대단한 발견 아닌가요!

가을 저녁답

바람은 갑작스레 서늘하고
쓸쓸하게 깔리는 부고 같은 그늘
한껏 길어졌다가 사라지는 산 그림자
뒷산도 마을에 내려왔다 돌아가는 시간
갈잎이 흐느끼고 억새도 울고
초승달이 굽어보는 골목 어귀엔
먼 세상의 초대장 같은 기운이 서렸다
휘이휘이
휘파람 요란한 전깃줄의 바람 노래

쓸쓸해 말자 허무해 말자
아쉬워도 말자
정해진 길이라면 그 길로 가야 하리
바람 들어 푸석해진 뼈들 사이로
차단된 세월이 발을 뻗어도
행복의 노래 흥얼거리자
마지막 내 인생의 출구 같은 계절

- 형부이신 故 이상진 님의 부고를 받고

2부

사계의 멜로디

봄, 그 평화로운 그림

겨울 산의 빙벽을 오르내리던 바람이
고요한 저수지를 사알살 흔들었다
햇살이 앉아 놀던 마알간 수면은
다산한 여인의 뱃살처럼 주름이 진다

주름 위의 햇살이 봄을 부른 저수지
낮은 산을 포용하고 푸른 하늘과
거기 유유히 흐르는 구름을 보듬었다

평화가 솟아나는 봄날의 풍경화
부질없는 근심을 낚싯바늘에 꿰어
그 속에 드리우는 태공의 무리
던지고 버리고 낚아 올리는 희열
나는 봄을 낚고 있었다
꼬박꼬박 졸면서

봄바람 · 2

너는 분명 동토의 그 깊음 속에서도
씨앗 같은 야무진 꿈 키웠을 거야
빙판 진 세상사 절망쯤이야
간단하게 희망으로 바꿔버릴 꿈을

맨얼굴에 감겨드는 감미로운 너의 숨결
누가 너의 야문 꿈 조각에
소망의 물을 끊임없이 뿌렸음이 분명해
그러기에 겨우내 의기충천하던 너의 기세가
이렇게도 달콤달콤 녹아나는 게지

너는 참으로 가벼웁게 걸어오는구나
우아한 드레스 입은 아가씨같이
산기슭 바위틈에 흐르는
해빙의 물줄기 소리 앞세워
축축한 골짜기를 타고
이제 점점 좁은 보폭으로 내려오는 너는
날아다니는 새의 깃털보다 가벼운걸

물의 비늘

봄이 흐르는 강둑에 앉아 본다
정적이 서성이는 물 위에
소문처럼 스민 물의 비늘이 빛난다
작은 오리들 한가로운 산책 중에
반짝, 비늘을 벗긴다

듣지 않아도 좋을 거짓 소문을 걸러내듯이
아니 들음만 못한 헛소리들을 걷어차며
물 위에 내려앉은 연노랑 비늘을 가른다

내 삶이 저랬던가
작디작은 오리의 걸음에도 밀려나는 껍질들
항의하지 못하고
목소리 크게 한 번 내보지 못한
평생의 무능함 같은 저 밀려남의 비애

아니다
그러한 잠시 밀려났던 비늘
오리들 지나가자 흉터 없이 재생된다

비관과 낙관이 되풀이되었고
절망을 이긴 희망이 곁을 지켜주고 있었다
기특한 봄꽃들이
가루를 날려 적적한 물 위를 덮어준 것처럼

누명

훈풍에 온 산의 소나무가 올록볼록 손가락을 만들고
그 손가락 통통해지는 사월이면 일이 터진다
꽃도 아닌 것이 꽃으로 불리는 송화가
봄날의 축포를 쏘아 올리는 것
찰나의 축제일뿐 향기도 잠시 칭송도 잠깐이다
공이 과에 묻히는 건 순간이다
계절은 이내 지겨운 가루의 침략 안에 갇히니까

닫힌 창틈도 뚫는 보이지 않는 힘
미세 먼지 같은 초인적 영향력의 공포
소용없는 청소에 지쳐버린 너도나도 말한다
송홧가루 때문에 못 살겠다고
진실은 그게 아니었다

사소한 계기로 송화의 억울함을 알게 됐는데
생일 선물로 받은 봄꽃 한 다발과
금계국의 몸에서 새어 나온 비밀이 힌트였다
양도 색도 송홧가루에 버금가는 엄청난 분신들
알고 보니 그들이 노란 전쟁의 공범들이었어
누구도 생각지 않고 있었던 일이었다

모든 꽃들은 가루를 품고 날린다는 것을

나에 대한 무고한 소문들을 듣고도
한마디 반박조차 못했던 지난날이
동병상련의 마음으로 다시 서러웠다
송화도 나처럼 그저 침묵했던가
진실은 언젠가는 밝혀진다는
막연한 진리에만 목메고 있었던 건 아닐까

연분홍 튀밥

하느님께서도 겨울이 신물나셨나 봐
얼어붙은 대지에 조금씩 불을 지피시는데
은은히 달아오르는 로爐가 이때다 싶을 때
팡
팡
벚꽃은 튀어 오르고

몰려드는 인파에 더더욱 신명 나서
여기저기 펑펑 튀겨지고

쌀밥꽃 대화

아빠
꽃 이름이 왜 이팝이야?
멀리서 보면 쌀밥을 소복 담은 것 같아서 그렇단다
쌀밥을 예전엔 이밥이라고 했거든
그런데 왜 이밥꽃이 아니고 이팝꽃이야?
숫닭을 수탉이라 하는 것과 같은 이치란다
이치가 뭔데?
초롱초롱 쳐다보는 꽃잎 같은 눈빛

하! 어렵다
수많은 변칙들이 기존의 이치를 압박하는 세상
변음의 법칙을 어린 아들에게 무슨 수로 설명하랴

이팝나무의 꽃, 그 어원에 대해서는 설이 많다
새삼 궁금하시거들랑 검색 버튼 누르시고
마음 가는 쪽의 이야기에 고개 끄덕이시라

톤이 올라가는 여름밤의 소리들

갇혀있던 소리들이
열대야가 열어 놓은 문으로 걸어 나온다
위층에서 아래층에서 목청 높이며 나온다
맞벌이 가정이 많은 탓인가
밤이 늦어도 세탁기 도는 소리
쫘악쫙 더위를 씻어내리는 소리
청소기 윙윙 하루를 닦아내는 소리

"수박 줄까?"
"아이스크림 먹을래?"
"시원한 맥주 한 잔 하자."
"어어! 선풍기 속에 손 넣으면 안 돼."

살아있는 소리들이다
생의 고비 같은 한낮의 폭염을 견디어낸 이웃들
톡톡 쏘는 땀띠처럼 존재를 확인시키는
거룩한 삶의 소리들, 쉽게 잠들지 않을 것 같다

이른바 있는 동네의 창문은 여전히 열리지 않겠지
닫힌 문이 너무 견고해 열대야도 접근이 어렵고

더위도 억눌려 조용히 식어가겠지만
내장마저 내어놓은 서민들의 밤엔
톤이 점점 올라가는 많은 소리가 있어
훨씬 여름답다, 활기가 있다
시름은 삼키고 땀은 흘려보내고
생의 의욕을 북돋우는 한여름의 연주가
시간이 익을수록 한 옥타브씩 높아지고 있다

실내온도 높이기

태양의 이글거림이 불길 같은 한낮
도심의 빌딩 숲 대로변 인도에
주름진 손으로 채소 다듬는 할머니
호박잎 껍질 까서 더위를 줄 세우고
깻잎 열 장씩 땀으로 묶어낸다

빌딩이 삼켜버린 젊은 아낙들
할머니의 채소를 하나씩만 사 준다면
이 불길 피해 시름을 걷어들고
굽은 허리 잠시라도 뉘어 펼 텐데

오르지 못할 성벽 같은 빌딩들
그 안에는 무슨 일이 있을까
사람들이 붐벼도 한기를 느낄 만치
오소소 소름 돋는 서늘함이 있을 게다
냉매를 먹고 사는 거대한 기계가 아낙들을 잡을 게다

거기 대형 모니터에는
거실에 한 대 안방에 한 대
행복한 고민하는 어여쁜 아낙과

한 대 값으로 두 대*를 인심 쓰는 젊은 남자가
지구온난화의 화려한 꽃을 피울 게다

냉매에 내몰린 빌딩 안의 열기가
할머니의 가난한 가슴으로 들어간다
빌딩 안 수은주를 한 눈금만 올려도
할머니의 손톱 껍질까지 땀이 솟진 않을 게다

탈진한 한낮이 드러누운 빌딩 숲
프레온가스로
할머니처럼 도시가 땀을 흘린다
좋내는 할머니도 도시도 뇌졸중을 앓을 게다

* 그 시절의 에어컨 광고 카피

모기의 강연

핵심만 요약하겠습니다

언제 어디서든 바짝 긴장하세요
찰나의 순간이 가장 위험합니다
찰싹하는 겨를이 생사를 갈라놓거든요
정신 가다듬고 깊이 인지해야 돼요
방심은 곧 죽음의 지름길이란 것을요
제발 조용하시고 머뭇대지 말아요
침묵 속에서 단번에 공략해야 합니다
파리목숨보다 아슬아슬한 우리지만
사활을 거는 악바리 근성 잃지 말고
인간의 손 등 악독한 무기들 잘 피해서
자자손손 무궁무진 번창합시다

가을 안부

단풍은
눈물나게 아름답고
기온은
놀란 심장처럼
뚝 떨어졌어요
화려한 풍경 따라
슬쩍 끼어드는 감기
절대 받아주지 마세요

계절이 바뀐다고
마음의 온도마저 내리진 말아요
우린 서로의 핫팩드로 남아요
그러니 그대
낙엽이 진다 해도
슬픔 따윈 품지 말기로 해요

뜨거운 채색

불씨는 이미 지펴졌다

산(山)마다 이어지는 행렬
열정에 달뜨겠지만
조금씩 천천히 타오르길 바란다
순식간에 활활 타버리진 말아라
감탄의 노래는 끝이 없다

모든 인연을 물들이는 가을 연정
수줍게 시작했겠으나
*곰비임비 너와 나의 관계를
돈독히 다잡을 저 찬란한 불길

* 곰비임비 : 어떤 일이나 물건이 거듭 쌓여 변화됨을 이름.

단풍 · 3

너는 감정 표현이 너무 솔직해
슬쩍 돌려 전달해도 될 일을
내가 너의 손 좀 잡았기로
온몸을 붉힐 것까진 없잖아
진도進度를 막는 것 같아서 민망하네

너야 홍당무가 되든 말든
난 그런 네가 좋다
내숭이 없어서 믿음이 간다
내가 용기를 내어
더 화끈한 고백을 하더라도 받아주길
햇살 먹은 가을바람인 내가
너를 못살게 구는 건 아닐까 싶기도 해

우포늪, 겨울 철새의 자존심

투박한 부리로 겨울을 쪼며
일용할 먹이를 물어 올려도
나눔의 행복을 아는 물빛 영혼
가증스런 인간의 손으로
희롱하듯 던지지 마라
놀려대는 먹이는 사양한다

구걸하듯 춤추는 갈매기는 싫다
내 옆구리에 달린 날개가
갈매기 닮은 것도 부끄럽다
떼를 지어 힘겹게 비행하며
철저히 지키는 질서와 규율
꽁꽁 언 저수지의 가장자리부터
언 마음이 서서히 녹아들면
또 한 번의 이별을 준비하지

머무름의 마지막이 와도
새우과자 따윈 필요 없다
두터운 얼음을 깨는 부리에
넘치도록 피가 흘러도

우리 방식대로 먹이를 구한다
안일과 과욕은 금물이다

12월의 달력

색 바랜 벽마다 해진 결심들이 춤을 춘다
시작은 거창했을 것이다
희망이니 계획이니 알찬 소망들로 부풀었을
1월의 이야기는 어디로 갔나
그래 봐야 하루거나 한 달 차이일 뿐인데
홀쭉하게 살이 빠진 달력엔
숨기지 못할 이별의 실루엣
아쉬움의 숫자들 뿐이다

다급하게 집으로 돌아가는 종종걸음 속에
어깨를 펴지 못하는 굽은 등의 서글픔이
납부금 독촉장 같은 조급한 그림자를 따라
질척한 비린내 깔린 골목에 들어선다
언제부터였을까
세월이 세월을 밀어내고
불신의 침묵에 밀려나는 자투리 믿음
생계의 곰팡내가 긴 골목을 채운다
다하지 못한 소임과
못다 피운 결심의 꽃들에 대해
그래도 아름다웠다 애써 자위하며

힘없이 내려와서 비키는 중이다
기필코 벗어나고자 기를 썼지만
인생은 연습이 없으므로 끝까지 실습 중이다

소설小雪

이제 시작이다 옷깃을 여미자
기나긴 한파의 길이 열리잖아
칼바람에 맞설 각오 다져야지
하늘은 더 청명하고
그 하늘 가로지르는 날이 선 북풍

손돌바람 겁나게 일어서니 뱃길도 닫아걸고 쉬게 하자

* 손돌바람 : 소설 즈음에 부는 매서운 바람. 고려 때 손돌孫乭이라는 뱃사공이 왕을 모시고 김포와 강화도 사이의 염하라는 강을 건널 때의 이야기를 참조함.

3부

시 밖에서 시를 보다

삼류 시인의 비애

난 전문가가 아니라네
어설픈 글이라고 비웃지 말게나
주제넘은 고급 취미라 나무라지도 말게
시 쓰는 일을 돈벌이와 연관 짓진 더더욱 말아 주게
시는 자신에게 거는 대화의 수단
세상과의 소통이기도 하다네

아무도, 낚시가 취미인 사람에게
고기 낚아 번 돈이 얼마나 되는지
아무도, 등산이 취미인 사람에게
등산 가면 얼마를 벌어 오는지
아무도, 바둑이 취미인 사람에게
오늘 바둑 둬서 얼마를 가져왔는지
궁금해하지도 않고 절대 묻지 않는단 말이지
그러면서 글 쓰는 사람에겐 꼭 물어본단 말이야
책에 글이 실리면 얼마를 받느냐
이번에 글 써서 얼마를 받았느냐

부탁하네, 시인에게만 가지는
편협한 인식을 부디 거두어 주게

글 쓰는 취미, 인정까진 아니더라도
조금은 후한 평가 주시게나
거 참! 돈이 다가 아니라네

고사목

몰골이 말이 아니구나 한때 너는 사지를 죽죽 뻗어 동식물 다 시원할 그늘을 만들었을 테고 하늘 높은 줄 모르고 오르던 가지 위엔 매미와 새들도 앉아 노래했을 터인데 어찌 지금은 이리도 처참하단 말이냐 아무도 너를 거들떠보지도 않는 게로구나 아니, 모두가 너를 피해 가는 게로구나 네가 명성을 드높이 날리던 그때, 밤낮없이 문전성시 이루었던 사람의 무리 어디로 갔을까 글 숲의 거목으로 한 시절을 풍미하여 새도 사람도 찾아들던 너의 그늘에는 이제 아무것도 깃들지 않는다 한때 너의 그늘 한 자리 차지하려 모여들던 그 많던 사람들, 수많은 새떼가 무리 지어 우짖었을 그 푸르고 울창한 거목이 이리 속절없이 무너지다니! 너의 뿌리를 살찌우던 자양분도 거만과 광기에 말라버리고 너를 윤택하게 하던 엽록소나 영양소도 무참하게 너를 떠났는데 그 잘못, 부덕의 소치를 자각이나 하는지 많은 사람과 새들, 거목이던 너를 찾을 적에 조금만 겸손하고 조금만 덕을 베풀었다면 지금 이 몰골 되도록 버려지지 않았을 것을 뜻있는 사람들 힘 모아 정성 모아 너를 위하여 최고급 영양주사 너에게 꽂아놓고 상처를 싸매어 훌륭한 고목 만들었을 터! 국보급으로 올렸을 터! 겸손도

때늦으면 소용없으니 회생 불가한 너를 어이 구하며 어디다 쓰리 누가 용서하고 너를 즐겨 찾으리 누가 너를 관용으로 반겨 맞으리 다만 이제는 자업자득에 가슴이나 치거라

* 명예를 실추한 왕년의 유명 작가, 남들은 그의 경거망동을 손가락질 하지만, 그럼에도 자각하지 못하고 오만과 유아독존적 망상에 빠져있는 그의 현재를 보고 안타까워 쓰다.

선입견

- 시인에 대한

1.

정말 시인이 맞으세요
맞는데요, 아닌 것 같은가요
너무 웃겨서 아닌 줄 알았어요
시인은 웃기면 안 되나요
냉정하고 근엄한 줄 알았거든요
다정하기도 하지요 웃기기도 하고 웃기도 해요
접근하기 어려운 사람일 거라 생각했어요
접근하기가 쉬워졌나요
뭔가 무너진 느낌이 들어요
뭐가 무너졌을까요
높은 곳에 있던 시인의 위대한 존재감이요
시인이 무엇의 준말인지 아시나요
모르겠어요 알려 주세요
시시한 인간의 준말이라고 하더군요
하하하 정말 재미있으시네요

2.

전업 시인이신가요
아니요 본업은 따로 있어요
무슨 일을 하시는데요
생산직 근로자예요
왜 또 거짓말을 하세요
왜 거짓말이라고 생각하시나요
등단까지 하신 분이 생산직이라니요
생산 없는 공급이 가능한가요
아니요 생산이 있어야 공급도 되겠지요
공급을 위해서 현장에서 뛰거든요
시를 생산하신다는 말씀인가요
시보다 생활이 우선인데 어쩌지요
아무래도 못 믿겠어요
그럼 무슨 일을 한다고 해야 믿으시겠어요
학교에 나가시지 싶네요 선생님요
학문과 관련되는 일을 해야만 시인으로 인정하시나요

시인에 대한 선입견에 자주 비감이 드는군요

시인의 기초

그윽하고 깊숙한 단지 하나 마련하자
시 뒤주라 이름표를 붙이고
언뜻언뜻 스치는 생각
섬광처럼 반짝이는 느낌
상념의 언저리를 떠도는 세세한 언어까지
한 톨도 흘리지 말고 담아두었다가
조금씩 조금씩 꺼내어 쓰기도 하고
고욤처럼 곰삭혀 다디단 조청처럼
혀끝으로 감미로움 음미하듯이
시인의 이야기를 풀어내 보자
벌레의 날갯짓, 먼지의 움직임까지
놓치지 말고 시 뒤주에 보관하자

시 밖에서 시를 보다

끝이 보이지 않는
넓디 너른 인터넷 시밭에서
냉이 향처럼 깔끔한 시구詩句 만나면
정성 가득한 밥상 앞에 앉은 듯 즐겁다
맛있는 시상 차려내는 그의 삶을
어느새 슬며시 들여다보는 나를
또 다른 내가 세밀하게 살핀다

이 시의 요리사, 보고 싶지 않은가
그 레시피 배우고 싶지 않은가
양념으로 술술 요술을 뿌릴지도 모르지
가벼운 술바람의 어느 순간에 오히려
그의 상념이 뚜렷해질지도 몰라

탐나는 마술요리 완성해 내는
그 향기 깊은 영혼 위에
내 영혼을 슬며시 얹어본다
언제 어디서나 아름다운 눈으로
희망의 창이 될 그 맑은 마음을 그리며

가을밤 만월

이른 봄

고귀하게 품은 잉태의 모든 숨결들이

푸른 대화 날마다 먹으며 자라 오르더니

계절도 만삭 달도 만삭 출산이 임박했다

시인이여 준비하라

詩 생명 받아야지

난산難産

시를 배는 일이야 어디 그리 진중하던가
잠시 눈앞에 어리대다가
시야에서 사라져 버린 허공의 새가
간단한 날갯짓 하나로도 정서와 눈이 맞아
시의 아비가 되기도 하고
눈 가는 곳마다 서려 있는
쓸쓸한 가을 색이거나
바람 휑하니 부는 골목길에 나부끼는
먼지 같은 나뭇잎들이나
흔들리는 계절의 스캔들까지도
감정의 난자와 결탁하여 무수한 시를 잉태하지
정작 문제는 태중에 앉은 씨톨들이
제대로 성장을 못 하는 일이다

태교는 늘 어설프게 허우적대고
출산에 필요한 운동조차 힘겨운 어미의 한계
노산인 탓인가 출산 때마다 진통만 길다

영화 같은 시

보고싶다보고싶다보고싶다 하더니
느닷없이 그대가 왔습니다
그대의 모습, 보면서도 믿어지지 않았습니다
믿지 않았어도 그대 내 앞에 섰습니다
그 먼 길을 달려 영화처럼 왔습니다
한참 만에야 맞잡은 손, 놓기 싫었습니다
먼 길을 달려왔지만 함께한 시간은 짧았고
날듯이 달리는 시간은 안타까움만 쌓고 있었습니다

음악이 흐르는 레스토랑에서
우린 그저 바라보기만 했습니다
영화처럼 와인잔을 들어
가볍게 부딪친 것이 전부였습니다
정지한 생각과 얼어붙은 입술에 엉킨
와인 색깔로 타오를 갈망만 남기고
올 때 그랬듯이 바람처럼 그대는 갔습니다

개찰구를 빠져나가는 그대
돌아보고 돌아보고 또 돌아보았습니다
나는 흔드는 손 내리지 않았습니다

그대가 탄 기차가 출발할 시간까지
그대 떠난 개찰구 앞에 내 발길 얼어붙었습니다

지하철을 타고 적당한 역에서 내렸습니다
그대가 목적지에 닿을 시간에 맞춰
나도 내 집에 도착할 요량으로
천천히 시간을 보며 걸었습니다
눈물에 섞여 물방울이 흘렀습니다
영화에서처럼 맑던 하늘에서 갑자기 내리는 비
이별의 서러움이 눈물 같은 비로 내렸습니다
그 몇 시간의 순간들이 마치 영화처럼 흘렀습니다

꽃비누

아침마다 눈꽃으로 오는 그녀의 손길
저녁엔 솜사탕으로 녹아든다
물의 장막에 숨었다가 몽글몽글 부푸는 사랑
린넨 원피스가 잘 어울리는 여인

주변에 대한 측은지심이 큰
그녀는 천사의 손으로 꽃비누를 만든다
시향詩香 같은 세련미가 은은하게 녹는다
불면을 주무르며 꽃잎을 포개었을
아름답고 잔잔한 희열이
허무의 거품은 거두어버리고
오묘한 기적을 빛낸다

어여뻐라 따스한 나눔의 마음
시가 되고 기도가 되는 정성
이웃을 위하여 천연비누를 만드는
꽃잎과 향기 속에 스민 그 시인의 애정

여우다방 방문기

출입문을 밀어요
그윽한 아로마 향이 마중 나오네요
세련된 입성의 마담, 품격이 느껴져요
친숙하기도 하고 새롭기도 한 마담의 모습에서
뒷동산 솔숲에 누워 하늘을 보던
옛 시절의 기분이 되살아나요
맑고 푸른 도화지에 마술을 부리던 구름 화백
순간순간 변화무쌍한 그림의 신비처럼
푸르고 맑은 도화지의 산뜻함처럼
소나무 사이사이 쪽동백의 마알간 웃음처럼
쌍화차 위에 도도하게 올라앉은 노른자처럼
또각또각 미스 김의 도발적 보폭과도 같은
그 다방엔 맑고 경쾌한 메뉴로 가득해요
단골손님은 새삼 분위기에 취하고 반해버리죠

* 배용주 시인의 두 번째 시집 『여우다방』 리뷰

열애

그대 크게 바람이 났어요
달뜬 마음 진정이 어렵지요
늦바람에 산천도 붉어져요
살짝만 스쳐도 짜르르 전율이 흐르죠
단지 스칠 뿐이지만
그 손길의 마법은 대단한걸요
사소한 사유에도 생명 불어넣고
작은 몸짓으로도 환희를 부르네요

기쁘고 애틋하고 절절한 사연
진정성이 깊죠, 그대의 이야기는
설득력은 덤입니다
미세 분자로도 세밀히 새겨내고
계절의 리듬에 실어
화르르 보내는 가을 전단지들

펼쳐서 들여다보네요
얼마나 아름다운지
얼마나 반짝이는지
그대의 연서는 비교 불가여요

바람나길 잘했어요
사색 끝에 감겨오는 숱한 시어들이
절망을 희망으로 바꾸기도 하죠
고마워요, 그대
불같은 사랑
깊고 깊은 시와의 연애

* 최한나 시인의 첫 시집 『샬롬의 아침』 리뷰

아람치의 밥상

아람치를 펼쳐 살펴본다
정갈한 음식상을 받은 느낌이다
섬섬옥수로 정성스레 만들어서
귀한 손님에게 대접하는
주인의 마음씨가 보인다
특별히 조미료를 치지 않고
타고난 손맛만으로도
입안이 깔끔해지는 맛
분답지 않고 서두르지 않으면서
단아하게 소매 걷어 올리고
차분히 음식을 만들어내는 그림이 그려진다
첨가물 그다지 쓰지 않고도
이렇게 맛깔난 솜씨를 보여준다는 것은
요리에 상당히 진심이며
타고난 재주임에 틀림이 없다
가족과 자연에 대한 사랑이란 주재료들로 빚었기에
최고의 맛을 냈으리라 믿는다
시인의 맛있는 시엔
기교보다는 감관監觀에서 얻는 직관이
진심에서 우러나는 감성이 있다

익숙한 맛과 생경한 맛이 공존하는
다정스러운 분위기가 참 좋다
간혹 메타포의 능력만 과신해서
비틀고 꼬아 놓은 여타의 시를 보게 되면
생게망게한 마음이 들기도 하는데
아람치에는 목화솜을 볼에 대고 있는 것처럼
따사로운 친숙함이 있다
지은이의 몫만큼 감상의 몫도 과하게 요구하지 않아서
안정감을 주니 더 친밀하다

* 김은경 시인의 세 번째 시집 『아람치』 리뷰

열정과 중독 사이

밝아온 새천년처럼
그녀의 시야가 무한대로 넓어졌다
우물을 탈출한 개구리
쳇바퀴를 이탈한 다람쥐가 되어
현실에서 가상으로 가상에서 현실로
황홀한 의상 입고 자유로이 넘나든다

긴 밤을 하얗게 태워 완성한 태그의 꽃
타자 게임으로 춤추는 신들린 열 손가락
타오르는 열정은 갈수록 불을 뿜어
블로그가 뚝딱 카페가 오밀조밀
글을 쓰고 투고를 하고 의견을 나누고
대화를 하고 토론을 하고 깔깔거리고
때론 두근거리고 때론 낯도 붉히고
흥미롭고 재미있고 신기하고 경이롭고

아침에 눈을 뜨면
기지개보다 먼저 켜지는 컴퓨터의 전원
퇴근 후에도 거실 형광등보다 먼저 켜진다
잠을 잊은 채 시를 쓰고 시화를 만들고

무엇을 만들고, 만들고, 만들고, 만들고
이보다 더한 열정 또 있으랴
차돌에 바람 드니 석돌보다 더 어물어
중독을 넘어서 열정을 넘어서 마치 마약 같아

시에게

너 가끔은 외롭겠다, 한때는
시의 저변확대를 위해 힘쓰자
시를 읽어야 아름다운 세상을 산다
시를 써야 마음이 부드럽다
부드러운 마음으로
아름다운 세상 만들자고 부르짖은 적 있다

계절의 변화도 잡아두고
마음 마음의 작은 움직임도 붙들고
열두 변덕 더 부리는 오만가지 감정까지
파문으로 일렁이게 했던 적 있다
아, 모르겠다
시라는 이름으로 그려내기엔
가당찮은 이미지들 천지

수천수만의 시인이 다 우려먹어버려
남은 말들 그다지 맛나게 버무리지 못하겠고
흔한 재료에 식상한 맛이라는 혹평이 따라붙으니
웬만해선 맛있기 어려운 시의 홍수 속에서
어중간한 요리라 지레 포기하기도 하고
어설픈 밥술 뜨다 만 시인들이 늘어나니
너도 가끔은 군중 속의 고독을 맛보기도 하겠다

4부

무한 반복의 기도

방어의 능력

나이 들어 느슨해지는 것들이
돋아나는 새싹처럼 지천이다
고통에 무디어지는 여유
상처 입은 마음도 덜 아픈 처연함

그건 괜찮다, 차라리
제깍 수용 못하는 식도食道의
늦은 자각은 대책 없이 슬프다

옆길을 침범하는 손님들
재채기로 즉각 추방해버리는
기도氣道의 순발력은
고통 반 놀라움 반이다

굳이 따지자면 그러한 현상들은
치열하게 살아온 억센 흔적
힘겨운 삶에서 터득한
방어의 방법들인 것을

무한 반복의 기도

또 새해를 맞으며
물오르는 나무같이
잘 닦은 면경 알 같이
비 개인 오후같이
폭폭 삶아 잘 드는 볕에
바싹 말린 빨래 같이

싱싱하고 싱싱하여
투명하고 투명하여
맑아서 푸르러서
삶의 향기 절로 깨끗하여

환희의 소리 드높아지기를
웃음소리 그치지 않기를
명징하게 살게 되기를
이번에는 진짜
빛나는 새해가 되기를

속죄

그땐 몰랐는데 그 일은 죄가 분명했다
차려놓은 음식, 갈아입을 작업복
봉사자를 위한 그 민망한 배려는
양로원 목욕 봉사의 참뜻을
참 부끄럽게 만들었다

기름기 자르르한 맛있는 시간
잘못된 자부심을 꾹꾹 찍어 먹는 동안
반으로 접은 수건 같은 노구老軀들이
추운 목욕탕 복도에 상한 짐승처럼
줄지어 오그린 모습
슬픈 그림은 잊을 수가 없다

불평과 거부는 일찍이 포기하고
정수리부터 후려치던 잔인한 폭포에
납작 엎드려 무방비로 세월만 원망했을
시설의 바스러지는 인생들
이미 생의 재단과 세공은 끝을 보였다

용서를 구하는 마음으로

목욕 때마다 그때의 노인이 되어본다
바가지 가득 물을 퍼서 앉은 채 머리 위에 붓는다
진저리쳤을 노인의 고통이 귓속으로 들어간다
그녀들의 기진한 슬픔이 두 눈 가득 메워온다

사랑은 조용히 그리고 귀하게

사랑은 사랑사랑하게 사랑해야 하지
사랑이란 말을 잘근잘근 곱씹어 보자
얼마나 달콤하고 감미로운지
사랑이란 말을 혀끝에서 음미해 보자
이렇게도 매끄럽고 사랑사랑스럽잖아

내가 한 사랑이 정말 사랑이라 확신한다면
귀하게 나만의 가슴에만 간직해야지
하늘을 우러르며 생각하고 생각해도
내가 진실로 사랑으로 사랑했다 자신한다면
그를 원망할 일 생기면 자신을 먼저 돌아봐야 하리

때론 많은 말보다 침묵이 설득력을 발휘하잖아
때론 낮은 음성이 고성을 압도한다
언성을 높일수록 내 인격이 낮아짐을 생각해보자
상대의 허물을 하나씩 꺼낼 때마다
나의 허물은 몇 배로 커져서 드러나는 거지

나의 사랑은 내가 대접하기 나름
내 사랑의 품격은 내가 높여 주는 것

가벼이 움직여서 천박한 존재로 추락시킨다면
나는 그 사랑의 주인 될 자격이 절대 없는 거야
사랑은 움직이는 거라 세상은 떠들어대지만
사랑은 조용히 그리고 귀하게 하는 것이지

악습 또는 어설픔

전화기의 수신음이 별나다

여보세요
엄마! 나, 아들
그래. 아들이구나, 어디고?
엄마! 어디일 것 같노?

아들은 엄마 말투를 흉내 내며 대답했다

그렇지
부대겠지
이제 이등병인 녀석한테
어디냐는 이 생각 없는 질문

속없이 웃다가
다음에 전화 오면 또 되풀이
덜 익은 생의 단면도가 확실해

갖다 붙이기

2005년도 병술년엔 술병깨나 쓰러졌지
밥은 굶어도 술은 먹어야 산다던
애주가 남편이 그야말로 병째로 술을 마셨거든
도대체 어찌 그럴 수가 있냐고 다그치면
이 사람아, 금년엔 해가 그런 걸 어쩌겠어
병술을 마시라고 하잖아, 세월이 시키는구먼
웃지도 않고 너스레를 떨었던 병술년

12년이 지난 지금 나도 큰소리쳐야지
고맙게도 올해는 무술년이라지 뭐야
주태백도 꼼짝 못하겠는 걸
술이 없는 해이니 무슨 재간으로 마시리
열두 해 동안 참았으니 나도 할 말이 생겼어
여보! 세월이 술을 못 마시게 하잖아요

살다 보니 이런 때도 오는구나
반갑고 고맙다 無술년아

눈물의 무게

고상 위의 예수님을 보며
소리 내어 마음 놓고 울었다
소나기라도 된 듯이
철철 흐르는 것은
숨통 막던 모든 것

흐르기 전
그 무게가 얼마였기에
몸 마음 이렇게
날아갈 듯 가벼운가

저녁 산행

- 희망찾기

해 동무하여 뒷산에 오른다
사위어 오는 저녁 냄새
나무들의 사열을 받는다
힘을 얻는 순간이다

일백서른 개의 나무 계단
느낌으로 하나씩 밟으며
천천히 삶의 언저리에 기댄다
막 별이 돋아난다
정상에서 저녁의 발치를 본다

잔칫집 같은 도시의 야경
저 화려한 불빛들 중
내 희망의 지분은 얼마큼 될까
활짝 밝아지는 불빛이 말한다
너의 희망은 이만큼이라고

꿈의 미용실

유리문에 자리 잡은 염색 미인의
고혹적인 반김에서 예감한다
여기서 오늘 젊어져 나갈 거란 걸
굽 높은 슬리퍼로 키를 올리고
부풀린 머리가 인상적인 미용사
몸에 밴 친절이 확신을 준다

뭐 하실 거예요?
나이를 깎아 주세요
얼마나 깎아 드릴까요?
한 오 년 정도 될까요?
그럼요, 가능하죠
저는 프로거든요

그녀의 너스레만큼
가위 소리 날아갈 듯 경쾌하고
경쾌한 소리 맞춰
쓸데없는 5년 치가 잘려 나갔으려나
주름진 세월도 따라갔을 테고

新 결자해지

노동의 긴 하루가 저물었다
지구가 온통 어깨에 내려앉는다
이 짓눌리는 무게를 덜어 줄
든든한 존재가 있다는 건 복된 일이다
너로 인해 힘들기도 하고
너로 인해 사는 이유를 찾기도 하고

착한 아들아 어깨 좀 주물러라
엄마, 어깨가 많이 뭉쳤어
그래 아들이 부드럽게 풀어봐라
엄마! 묶은 사람이 푼다는 얘기 들어봤지?
무슨 뜻이고?
뭉친 사람이 풀어야 된단 말이지
말과는 달리 녀석의 손에 힘이 들어간다

제법이다 무르익은 농담도 할 줄 아는구나
그래, 엄마는 어쨌거나 책임이란 의자에 앉았고
그 의자에 앉았다는 이유로 매듭도 많이 만들었으니
한 올씩 풀어내는 것도 내 몫이겠지
그래 맞다 그중에서도 가능하다면
오래 격리된 자유의 매듭을 풀 수 있다면 좋겠구나

소금꽃

연사 기계는 24시간 쉬는 법이 없었다
사람이 없어도 밤낮 우로 돌고 좌로 돌고
기계들의 경쟁은 공장 안을 무섭게 달구었다
수은주의 눈금이 최고치인 섭씨 오십도 보다
더 높이 올라가는 현장 안의 세상은
들어서자마자 소나기처럼 땀을 쏟게 했다

노동하는 내 얼굴은 자연 폭포
목걸이도 화상을 입힐 정도의 연사실에서 나와
잠시의 휴식 동안 바람은 얼굴의 폭포를 거두고
금세 까슬까슬 교감이 인다
뭐지? 거울을 보니 하얀 소금꽃

염전이 이렇게 가까이 있었네
몸통에까지 확장된 광활한 염전
내가 소금 부자였네

무언가의 부재

그가 나에겐 하늘이자 높은 산이었을 때
그에게 닿으려 기를 썼으나 요원했고
닿을 방법이 없어서 아득했다
그저 진실과 최선만이 나의 몫이었다

하늘이었던 그가 허리를 굽혀
나를 눈높이에 들어 올렸으나
적응에 필요한 요소가 없었고
이미 낮은 자세에 익숙해져
원래의 자리에 연연하듯
그의 도움에도 올라가지 못했는데

곧 추락할 위기에 노출한 채로
그는 나를 속였다
그가 하늘도 아니었고
높은 산도 아니어서
오히려 이 낮은 자리가 다행이다 싶어

희망고문 사양하기

연명의료 거부 의향을 문서로 남겼다
어려운 숙제 끝낸 것처럼
영혼이 다 깃털처럼 가벼워지네
여느 때보다 맑은 웃음 보내는 하늘을 향해
오랜 결심의 실행을 날아갈 듯 고한다
내 생의 열차가 종착역에 도달했을 때
부질없이 생명의 끈을 이을지 말지
가족들의 내적 갈등을 보는 것도 고통일 거야
준비된 이 결심은 얼마나 명쾌한 해답일까
그동안 즐거이 잘 살았잖아
헛된 미련을 주렁주렁 형벌처럼 매달고
어쩌면 살지도 모른다는 희망 따윈 고문이야
코로나19가 많은 부분 비대면을 불러왔지만
죽음만은 그렇지 않아
두려워도 대면해야 끝나는 그 의식 앞에서
소멸의 마지막 존엄을 지켜주면 좋겠어

풍장의 새벽

새벽 미사를 간다
칼바람 속에서 도시는 아직 취침 중이다
잠과 죽음의 연관성을 헤아려본다
가로수들은 열심히 분신을 떨어낸다

떨어져 바람에 쫓기는 저 행위는
여름을 충실히 살아낸 잎들의 장례식이다
바람이 차고 거셀수록 거부의 힘도 강하다
죽기 싫은 몸짓 떠나기 진정 싫은 몸짓이다
결국은 산화하고 말 것임을 안다는 저 몸부림
거룩하진 않지만 장례식은 자연스레 진행된다
살기 위한 궁여지책으로 분신을 밀어내는 가로수는
풍장의 진행을 어떤 마음으로 지켜보고 있을까

문득 나도 저 잎처럼 구를지도 모른다는 생각
굴러 굴러 하느님 앞으로 가면 반겨 주실까
하느님의 설계를 감히 예측하는 생각에 잠겨
장차 나의 죽음을 슬퍼해야 하는 일인지
하느님께 간절하게 물어보는 새벽이다

태풍 멀미

구월이 열리고 셋째 날 새벽
거세지는 바람에 잠도 무서워 달아났다
창문의 울부짖음에 쿵 떨어지는 심장
호된 신고식으로 가을은 시작되고
세상의 안부가 궁금하지만
전염병의 올가미에 갇히고
불안 속에 묻혀서 무얼 할 수 있을까

바람은 세찬 빗줄기를 데리고
영원히 군림할 듯 서슬 퍼렇다
코로나19의 군단이 괴력을 내는 듯
공포는 심장을 때리고
쉬지 않고 들리는 굉음은 세상의 광란
고요의 대명사인 새벽이
태풍 침략에 완전히 부서져버렸다

마이삭MAYSAK의 위엄인가
날도 새지 않는다
아니, 날이 밝을까 봐 오히려 두렵다
얼마나 많은 상처들과 마주할지

세상 창업주이신 하 회장님께 물어본다
당신의 기업을 어찌하여
심심하면 흔들어대십니까
내 살아온 세월이 태풍 아닌 적이 있었습니까

5부

나무가 바람에게

그늘의 깊이

매일 부부싸움의 연속이던 그 집 창문에
며칠째 고요가 어둡게 내려앉아 걱정 중인데
새벽 댓바람에 그 집 안주인이 찾아왔다
거칠게 현관문을 두드리며
효소처럼 발효된 숨을 토해냈다

"광식이가 뒈졌어요
세상에 둘도 없는 이쁜 광식이가 갔어요"

연하의 남편을 그녀는 그렇게 불렀다
남편을 땅에 묻고 밤새 술을 마셨는지
흔들리는 눈동자에 혀가 말리는 발음으로
수도 없이 이쁜 남편이었음을 강조하는데
날마다 욕 시합을 해대던 그들의 행적을 짚어보면
반어법인지 가식인지 가늠이 안 된다
들을 때마다 깜짝 놀랄 그 거친 막말과 욕설은
광식이가 떠났다는 그날 최고점을 찍은 듯했다
여태 들어보지 못한 욕설이 새벽을 흔들었으니까

서로 분기탱천 그 아침이 전투의 끝이었는지
며칠을 불도 없이 고요하던 그들 방식의 러브하우스
몇몇이 늦은 문상을 하는 오늘 밤에도 그녀는 만취
상태고
강조에 강조를 거듭하는 세상에서 제일 이쁜 광식
슬픔인지 분노인지를 오열과 함께 쏟아 내는 걸로 보아
모르긴 해도 거친 대화가 그들의 양지였으며
타인은 절대 알 수 없는 깊은 안식의 그늘이었겠지

표절의 시작

아기가 태어난다
새 생명의 탄생을 하늘과 땅이 기뻐한다
옆집에도 앞집에도 아기가 태어난다
옆집의 옆집 그리고 뒷집, 뒷집의 뒷집
역시 기뻐하며 잔치로 요란하다
기쁜 표절이 시작된다

그 아이 자라서 혼인을 한다
새사람이 왔다고 기뻐하며 동네잔치를 한다
다른 집 아이도 자라 혼인을 하고
의무처럼 아기를 낳고 키우고
당연히 즐겁고 기쁘고 행복한 따라 하기

아이가 그때의 부모처럼 늙어간다
부모는 하늘과 가까워진다
여기저기 부모들은 시간차를 두고
세상을 하직한다 세상이 함께 슬퍼한다
되돌릴 수 없는 가슴 아픈 표절이다

태어나고 배우고 자라고 사랑하고
혼인하고 효도하고 나누다가 떠나고
그 과정들은 모두 표절의 극치다
풍습이고 예절이며 삶의 이치인 것을
뒤지지 않으려 기를 쓰는 현실 안에서
다르다는 것에 관대하지 못함이 의문스럽다
같아야 하는 건 누가 정했으며
같지 말아야 할 것들은 또 누가 정했을까
왔다가 누리다가 가고야 마는
일련의 과정은 부인 못할 완벽한 표절일 뿐인데
그 반복되는 삶 속에서
표절과 인용은 어떻게 구분되는 걸까

나무가 바람에게

나는 늘 작게 서 있었어요
누구에게 선뜻 다가서지도 못했고
쉽게 말을 걸지도 못했지요
외로워도 그저 혼자 울기만 했고요
모든 것이 내게 주어진 운명이려니
참아야 하는 것이 내 몫이라 생각했죠

당신이 내게 먼저 손을 내밀었지요
처음엔 바람인 줄도 몰랐어요
포근했거든요, 참으로 따스했어요
우리 인연 영원하자며 내 머리를 쓸어줄 때
눈물 나게 고맙고 좋았어요

아니었나 봐요
작게 서 있는 나를 재미 삼아 흔들어본 건가 봐요
외로움이 너무도 깊어 나도 모르게 넘어간 거였어요
슬프네요, 어리석은 내가 밉네요

더는 작은 내가 보이지 않는 거죠
늘 다른 나무들만 쓰다듬네요
잠시나마 날 흔들었던 거 후회라도 하는 건가요
내 시선을 피하기만 하는 당신
바람이었네요, 그냥 한 번 흔들어본 건데
쉽게 흔들리니 맥이 빠진 거죠
실없는 바람임을 진작 깨닫지 못했으니 더 괴롭죠
어리석은 나무와 가벼운 바람의 교감
이제, 그만두자고 당신은 말하고 싶은 거죠
아니 말할 필요도 없이 은근슬쩍 끝내자는 심산인 거죠
그냥 흔들어봤듯이 그냥 슬쩍 빠지겠다는 당신의 속셈
그대로 다 보이는걸요, 아프네요

쉽게, 우습게 보인 내가 잘못이죠
바람은 흔적도 없이 또 다른 나무를 흔들 텐데
나만 대책 없이 넘어간 건가요
나는 참 못나고 연약한 나무였네요
다시 나는 외로움에 빠져 작게 서 있네요

부실은행

결혼이란 은행을 처음 세우던 때는
신세계 개척에 대한 푸르른 자부심이 있었다
꽤 괜찮은 적금을 설계했다 자평하며
탁월한 선택이란 믿음도 확고했지

매시간 애를 써도 자산은 늘지 않았고
조바심으로 바뀐 설립 때의 부푼 기대
의도치 않게 신뢰의 성을 파고드는 실금
연기처럼 살금살금 손실이 발생했다

이자를 기대한 건 엄청난 착각이었어
금빛 미래의 계획이 맞는 건가
약정 금액은 온전히 보장되기나 할까
과녁을 비껴가는 화살에 생살이 찢기는 아픔
깊어지는 불신의 늪, 경영 부실이 극명하다

그래도 조금만 더 조금만 더
투명하진 않아도 희망의 그림자를 붙잡으려
필사적 몸부림이 있었으나 헛된 노력일 뿐
어느 쪽의 불찰이라 선을 긋지도 못할 일

서로에게 부족함을 떠넘기는 작태에
회생의 가능성은 사라지고 말았다

원금도 건지지 못한 채 목돈의 꿈은 부서지고
눈곱만치 남았던 사랑은 영원히 자동 해지
마지막으로 받은 선물은 붉은 줄 선명한 남남 증명서

그림자의 지조

내 고집 꺾으려 애쓰지 마라
본연의 색은 격조 높은 詩다
어떤 경우에도 차별 없는 노래
시간의 흐름에 따라
단음과 장음으로 변하기는 하지만
화려해도 초라해도 딱 그만큼의 색
나의 분배는 공평하다

기품 있는 모양새라 특혜 주지 않는다
고대광실도 내식대로 비추고
임금님 앞에서도 주눅 들지 않으니
절대 읍소하지 않는 자세
울창한 나무도 작은 잡초도
내게 오면 오직 같은 색일 뿐
울울창창 지켜온 꺾이지 않는 자존심이다

색이 있는 그림자 만들려는 자들의
안쓰럽고 인위적인 실험들을 보면
쓸데없는 노력에 가슴 아프기도 하지
화려함도 초라함도 내게 물들면 같아지는 현상

세상이 알아주면 좋겠어
나의 고집은 불변의 법칙이란 것을

껌통은 껌을 씹지 않는다

씹는 꼴도 봤고 씹히는 꼴도 봤다
이도 저도 맘엔 들지 않지만 못 본 척한다
공평하게 품어야 함이 내 숙명인걸

그대들이 나를 해부하고 내장을 꺼내어
검은 사회라 잘근잘근 씹어대지만
나만 잘났고 내 판단만 옳다 우겨대는
그대가 빠진 곳은 아집과 착각의 늪
폭포샤워하듯 환호 소리 높이지 마라
그 입이 바로 검은 입인 것을
어차피 단물 사라지면 씹든 씹히든
다음 행보는 뱉어버릴 수순
버려지는 뒷모습은 언제나 처참하거든
단물에 취했을 땐
곧 닥칠 씁쓸함은 예견 못하지

그대에게 씹히던 알 수 없는 그는
어디선가 그대를 역시 씹어대고
씹고 씹히는 모순투성이 세상 속에서
이기는 쪽에 서지도 못하고

지는 쪽에 설 수도 없어
어정쩡한 몰골로 역시 버려지는 존재
어떤 경우에도 나는 껌을 씹지 못한다

노단새 사랑

푸르른 초여름에 당신이 떠났는데
어느새 산야가 퇴색하는 가을입니다
지나치게 섬세했던 당신 덕분에
휴대전화기 충전도 해본 적이 없던 나
아침에 눈을 뜨면 나보다 먼저
머리맡에 손을 뻗는 당신이
전화기 두 대를 충전기에 나란히 꽂자
새 힘이 솟는 것은 핸드폰보다 나였어요

작은 것 하나도 지나치지 않았던 당신
아이 넷의 정서적 문제, 교육 문제
나보다 더 신경 썼으니 피곤했겠지요
사소한 것까지 당신을 의지하게 만들어놓고
당신 없으면 아무것도 못하는 줄 잘 알면서
무책임하게 떠난 건 반칙입니다

육종암 말기 진단에 떨기만 했던 나
정작 당사자인 당신은 담담했지요
끝끝내 통증을 내색하지 않던 그 독한 인내
허물어지는 육신을 끌고도 오로지

가족을 위한 봉사의 꽃을 피우던 노단새
익은 감도 떨어지고 선 감도 떨어진다지만
하필이면 당신이 떨어진 선 감이라니
하늘이 무너진들 절망이 이리 클까요

그래도 우린 이렇게 살아있는데
떠난 당신이 남은 우리를 위로 하나요
눈만 뜨면 눈앞에 먼저 보이는 당신의 사진은
행복한 웃음 여전히 웃고 있습니다
뿌리 잘려 배리배리 마르면서도
끝없이 꽃을 피우는 노단새처럼요
아픔 없는 곳에서 평안히 지내길 기도합니다

50대 중반에 미망인이 된 어느 분의 이야기입니다

몌별袂別*

플라타너스 잎이 손 흔들어 작별을 고합니다
그 길가에서 앳된 연인, 잠시 이별하나 봅니다
아가씨는 못내 아쉬워 살짝살짝 도리질하고
총각의 큰 손은 아가씨의 어깨를 토닥여 줍니다
걱정 마! 내일 다시 만나기 위해 지금 헤어지는 거야

재회의 약속을 남긴다 하더라도
날이 새기까지가 얼마나 긴 세월일까요
사랑의 포로가 된 젊은 연인들은
보고 있어도 보고 싶**어 몸살이 난다니까요

예견이야 했지만 이렇게 빨리 떠나는 가을
지금의 이 화려한 산천이 언제까지 온전할까요
찬바람은 초를 다투어 몰려오고
계절은 의지가 너무 약해요
가면 또 오겠지만 재회의 그날이 길어질까 두려워요
보내기 싫은 가을, 허리라도 껴안고 있을까요
등을 보이는 가을, 눈물 나게 아쉬워 애가 다는 것은
조금 전 서로의 소매 못 놓던 연인들 마음과 같아요

* 몌별袂別 : 소매를 잡고 작별作別한다는 뜻으로, 섭섭히 헤어지는 것
** 보고 있어도 보고 싶은 : 유행가 가사 인용

그대의 척도

그대는 세상 바쁠 것 없는 침착한 재단사
눈금 따윈 사치 표시할 도구도 필요치 않다
오직 스스로 몸의 안무에 집중할 뿐
그대 재단의 방침은 일관되고 허점이 없지
변칙적 계산은 절대 허용 불가

생을 재단하듯 나아가고 나아가는
그대의 걸음걸음은 경건함이 걸작이다
우주를 끌어당기는 오차 없는 거룩한 의식
불신을 품지 않으니 욕심도 없다
또박또박 접어내는 신중한 마름질

그 둥근 보폭 두 번만 연결하면 무한대 기호가 된다
불변함의 원칙으로 자나방이 될 때까지
걸음마다 몰입에 몰입을 더하고
자기 방식의 척도로 세상을 품겠다는 뜻
중구난방 분열들을 절도 있게 모으고
성급한 무리가 질서를 파괴해도
그대는 세상 침착한 자벌레 재단사

형광등 사랑 · 1

가끔 내면의 언어가 출구를 찾지 못하고
가슴을 짓눌러도 나는 몰랐습니다
자주 아득히 생각 깊은 골짜기에 들어
운무 같은 마음에서 스며 나온 눈물이
가슴을 아프게 적셔와 서러울 때도
마시던 커피가 싸늘해질 때까지
생각에 빠져 자신의 존재마저 상실한 채
초점 없는 시선이 허공에 묶이어도
나 진정 아무것도 몰랐습니다

간혹 아련함의 그물에 마음이 갇히는 듯
두근대며 공연히 창가를 서성이다가
'어머! 내가 왜 이러지?'
화들짝 자신의 마음을 들여다보니
언제 자릴 잡았는지 낯선 그림자 하나
내 안에 둥지를 틀었습니다

아니다, 이건 아니다 그림자를 향해
손사래를 쳐보고 머리를 흔들지만
더욱 짙어져 또렷이 투영되는 존재

아하! 그렇군요 바로 당신이네요
당신은 스펀지에 스미는 물의 위력으로
내 마음의 수족을 결박하고 있었네요
내 안에 새로운 의미로 각인되고 있었네요
이제서야 알겠습니다, 이다지도 늦게서야

형광등 사랑 · 2

신중한 너는
내 눈물의 의미를 확인하고 싶다 한다
확실한 너는
내 심중 깊숙한 곳의
더 구체적인 대답을 요구한다
세심한 너는
나의 기인 한숨의 정체를 궁금해한다

답답도 하여라
너 이미 내 마음 깊은 곳에
부동으로 자리 잡았음이
네가 궁금한 모든 것의 이유라는 것을
너만 아직도 눈치채지 못하는구나

맞바람

동향집 3층에도 태풍이 닥쳤다
산 아래라 바람과는 친숙한데도
요란함과 위세에 놀라는 사이
동쪽 창틀 위 화분들이 떨어지고
나무도 전깃줄도 짐승처럼 울부짖었다

저게 바람피우다 걸려서 열받았나!

지구 어디선가 잠자던 바람이
코털을 건드려 무진장 화가 났구나
무슨 일로 광기를 내는 건가
모조리 날리겠다는 엄포에 떨기만 한다
세상을 흔들어대는 성난 바람
잠잠하던 서편 방문도 쾅 닫혔다
맞바람에 집안이 절단 날 판이다
동 바람과 서 바람의 충돌이 살벌하다
누가 한눈을 더 심하게 팔았으며
누구 때문에 심사가 저리도 뒤틀렸을까
부부가 저렇게 맞바람 피워제끼면
필시 저보다 더한 광풍 몰아치겠지

술의 항변

나는 태곳적부터 약방의 감초지요
서먹한 분위기 한순간에 올려주고
세상을 손아귀에 쥐어 주지요
망설임에 소심함 떨림까지 없애주고
천하를 호령할 배짱도 주잖아요
가난한 이의 위로, 화난 이의 큰 북

당신들은 기뻐도 슬퍼도 나를 부릅니다
내가 언제 부추겼나요
속없이 끌려다닌 건 나랍니다
기분이 좋아도 찾고 나빠도 찾더니
받은 위안 잊어버리고 너무하지 않습니까
마지막엔 언제나 나만 죽일 놈입니다

가정불화 내 탓 불치병도 내 탓
패가망신 내 탓 이혼도 내 탓이라니
그러는 거 아닙니다
난 그저 친화력의 왕일 뿐입니다
한 번이라도 스스로 당신을 찾아갔다면
장담컨대 내가 천벌을 받지

나만 갖고 그러지 마소

반복적인 공격 그 정도로 끝냅시다

연애 부적격자

참말로 속이 터질 노릇입니더
그와 만나고 삼십 분만 이야기하면
더는 할 말이 생각나지 않심더
은근한 눈길엔
저절로 시선을 피하고 싶고예
돌려서 말할 줄도 몰라예
달짝지근한 그의 목소리를 들으면
나도 모르게 소름이 돋는데 우얍니꺼

모르겠어예
스킨십에는 저절로 미모사*가 된다 카이요
취미가 뭡니꺼 묻는 그의 질문에
구겨버린 낙서장 다시 펴서
찬찬히 읽어보는 거라예
이 대답이 가당키나 합니꺼
포기해야 되겠지예?
그에게도 죄송하지만
연애가 세상 어려워서
자신한테 더 미안합니더

* 미모사 : 손길이 닿으면 저절로 오므라드는 식물, 신경초라고도 함

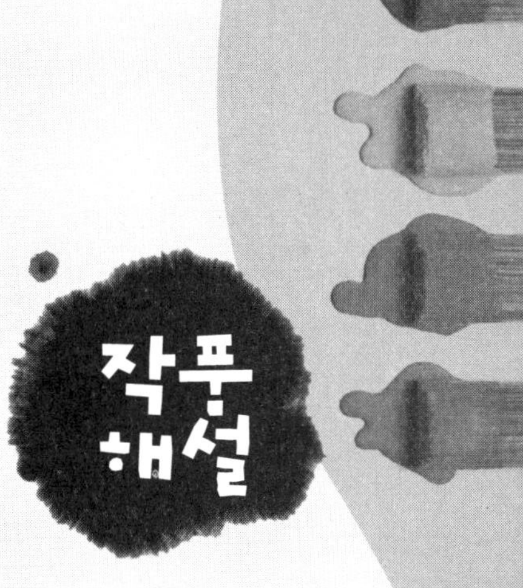

〈작품해설〉

즐기며 받아쓰는 시창작법의 전형

김 순 진(문학평론가 · 고려대 평생교육원 교수)

〈작품해설〉

즐기며 받아쓰는 시창작법의 전형

김 순 진

나는 3년 전쯤 『즐기며 받아쓰는 시창작법』이란 시 창작교재를 펴냈다. 이 책에는 여러 가지 시창작법이 나온다. 그런데 주된 내용은 시를 '머리에서 짜내느냐', '기억에 의존하느냐'에 관한 질문과 동시에 '시는 현상을 세심히 관찰하고 받아써야 한다.'는데 초점을 맞춘다. 사람들은 겉모습을 좋아한다. 예쁜 얼굴을 좋아하고 예쁜 옷을 좋아하며, 좋은 가방을 메고 싶어 하거나 좋은 시계를 차려고 한다. 일명 외모지상주의가 그것인데, 그것은 인간의 내면 치장에 공을 들이지 않는 현 세태에 대한 문제점으로 드러나, 인간이 사소한 일로 화내고, 자살하며, 포기하게 되는 단초를 제공한다. 머리에서 짜내는 현학적인 시, 기억에 의존하는 추억시, 감성에 의존하는 그리움 시 등은 시를 공부하지 않은 사람들이 쓰는 시로, 시는 학문이다. 이런 종류의 시는

문학을 놀이로만 보려는 사람들에 의해 점점 더 심화된다.

어릴 적에는 보리밥, 콩밥, 감자밥을 먹고도 행복했는데, 왜 지금은 쌀밥에 고기를 먹으면서도 덜 행복하다고 느끼는 걸까? 그것은 인문학에 대한 경시 현상이 사회적으로 팽배해졌기 때문이다. 전국의 대학에서 철학과는 거의 소멸됐고 국문학과, 문예창작학과가 점점 사라지고 있다. 게임이나 하고 가수나 유튜버가 되고 싶은 것이 요즘 아이들의 꿈이다. 결국 현대사회는 인간성의 본연에 대한 고민이 없는 사회라고 나는 진단한다.

정순희 시인의 시는 인간성 본연에 대한 고민에 모든 시의 초점을 맞춘다. 정순희 시인은 '즐기며 받아쓰는 시창작법'을 근본적으로 이해하고 있는 시인이다. 선 관찰 후 사색이 그 방법이다. 시를 짓는 최우선의 작업은 사물과 사회현상을 그윽한 시선으로 오래도록 물끄러미 바라보는 일이다. 예를 들어 조약돌이 있다고 하자. 그 조약돌을 물끄러미 바라보자면, 그가 얼마나 단단한지에 대한 관찰로부터 시작되어 몇 살이며, 어디로부터 왔으며, 홀로 독립하는 완전한 독립체이며, 부서지고 싶은 욕망까지도 관찰할 수 있는데, 그 이후에 돌의 이념과 사랑까지 봐야 한다. 그런데 정순희 시인의 작업들은 이런 경우의 수를 모두 포괄하여 관찰에 임하고, 성찰로 이어진다. 시(詩)의 본연은 서정이 아니라, 세상을 바르고 정의로운 것으로 바라볼 수 있는 눈을 떠가는 방법, 즉 관찰에 있으며, 남다른 관찰을 할 수 있어야 시가 그만의 시가 되고 더욱 시다워지는 것이다.

그럼 이쯤에서 정순희 시인의 시 몇 수를 읽어보면서 그의 시세계를 관찰해보자.

변소 옆 둔덕의 홰나무는 참으로 우람했다 그 옆으로 담을 뚫어 통하던 옆집엔 조약造藥에 능한 할매가 살았지 산으로 들로 할매의 다래끼는 늘상 부자였다 마당에도 밭에도 약초 풍년, 약재이면서 화려한 작약꽃 만개의 장관은 지금 생각해도 가슴 설렌다

담 밑에 두어 군데 무리진 목단꽃은 수적인 열세에도 위엄을 보였다 강아지보다 내가 더 열심히 드나들던 홰나무 옆의 좁은 길, 울타리에 걸려 옷이 찢어지고 때로는 다리에 붉은 빗금을 그어가며 꽃밭에서 살던 그때 비로드 같은 목단꽃을 만지작거리다가 씹어도 보다가 우리 집 화단과 바꾸고 싶기도 했던 그 집의 풍경이 슬프게 바뀌던 날은 노을이 유난히도 붉었다

의사 빰치던 할매, 그 남편이 아이러니하게도 변을 못 본다고 했다 어느 저녁답에, 노을을 등에 지고 할배는 노을보다 더 붉은 얼굴로 목단꽃 옆에 쭈그리고 앉았다 할매는 꼬챙이로 물리적 결단을 행하고 있었는데 어린 나는 보았다 목단꽃보다 더 빨간 꽃방울이 할배의 쭈그린 아래로 뚝뚝 떨어져 내리는 참상을!

목단도 노을도 할배의 지독한 변비처럼 말문이 막힌 채 그저 얼굴만 붉히고 있었다 할매는 자신이 만든 용한 약으로도 복병을 잡아내지 못했는지 온 동네를 구원하던 의원의 실력은 어디 가고 소통의 길을 끝내 찾지 못했다 시든 목단꽃처럼 검붉은 얼굴로 할배는 허무하게 떠나버리고 목단꽃은 해마다 할매의 울음처럼 붉디붉게 피고 있었다

–「목단이 피던 집」 전문

이 시는 한 편의 드라마 같은 시다. 목단꽃을 매개로 이어지는 시골 풍경과 옆집 할머니 할아버지의 운명적인 삶……. 가슴이 짜르르하며 전율이 인다. 최근에 나는 발목이 안 좋아서 사무실 건너 한의원에서 여러 번에 걸쳐 침을 맞았다. 지금은 한의원이 허가를 내고 버젓이 병원의 역할을 하고 있지만, 옛날에는 한의원도 없었고 침을 놓는 사람도 한의사라는 말보다 침쟁이로 통했다. 나는 초등학교 2학년 때 시소를 타다가 발목이 시소 밑으로 들어간 걸 그대로 깔고 앉아서 발목이 심하게 부어 이튿날 학교에 가지 못했다. 나는 아버지에게 업혀서 우리 앞동네인 사직리의 침쟁이한테 가서 침을 맞았다. 당시 조씨 성을 가진 침쟁이는 눈깔사탕을 사다 놓고 우리 같은 아이들이 오면 하나씩 입에 넣어주며 침을 놓았다. 달콤한 사탕이 녹느라 아픈 줄도 모르고 침을 맞았다. 그랬더니 이튿날 정말 신기하게 씻

은 듯이 나았다. 그때부터 지금까지 나는 침 놓는 사람들을 보면 영험하다는 생각을 한다. 그리고 옆동네에도 한약방이 있고, 한약을 짓는 사람이 있었다. 그 집은 우리 친구네 집이었는데, 가끔 아버지께서 약을 받아오라 메모를 써주시면 약을 지어다가 약탕기에 달이던 어머니 생각이 난다. 그런데 정순희 시인의 기억 속에 들어있는 '할매'처럼 우리 동네에도 둘레 엄마라는 약을 잘 짓는 사람이 있었다. 그 엄마는 늘 약이 되는 식물이나 물건을 집에 쌓아놓고 살았다. 정순희 시인이 기억하는 '담을 뚫어 통하던 옆집'의 '조약造藥에 능한 할매'네 집엔 목단꽃이 피었지만, 내 기억 속의 둘레엄마네 집 울타리엔 꽈리와 박하가 자랐다. 꽈리가 빨갛게 익던 집, 박하 향이 나던 집……. 우리 집에는 무슨 꽃이 피어 있었을까? 생각해보니 키다리꽃이 크게 자라 노오란 꽃이 피어 있던 기억이 떠오른다. 세 계단쯤 오르면 사립문이 있고, 아버지와 나는 참나무를 베어다 엮어 울타리를 만들었지. 그 안에 있던 작은 꽃밭에는 해마다 키다리꽃이 자라고 비가 오는 날이면 나는 이웃집들끼리 봉숭아, 과꽃 족두리꽃을 나누어 심었다. 가난하게 살았지만, 행복했던 기억의 유년 시절……. 그런데 정순희 시인은 그 어린 나이에 목단꽃처럼 붉게 흐르는 선혈을 보았다. 여자아이가 얼마나 무서웠을까? 한동안 잠자리에서 몸서리치게 무서워 떨었을 것 같다. 시인은 저절로 되는 것이 아니다. 작약꽃을 배경으로 이루어지는 스토리가 정말 우리 가슴을 후벼 파는 것처럼 아리다. '그런 기억이 시인을 만드는구나.'하는 생각도 든다.

> 봄이 흐르는 강둑에 앉아 본다
> 정적이 서성이는 물 위에
> 소문처럼 스민 물의 비늘이 빛난다
> 작은 오리들 한가로운 산책 중에
> 반짝, 비늘을 벗긴다
>
> 듣지 않아도 좋을 거짓 소문을 걸러내듯이
> 아니 들음만 못한 헛소리들을 걷어차며
> 물 위에 내려앉은 연노랑 비늘을 가른다
>
> 내 삶이 저랬던가
> 작디작은 오리의 걸음에도 밀려나는 껍질들
> 항의하지 못하고
> 목소리 크게 한 번 내보지 못한
> 평생의 무능함 같은 저 밀려남의 비애
>
> 아니다
> 그러한 잠시 밀려났던 비늘
> 오리들 지나가자 흉터 없이 재생된다
> 비관과 낙관이 되풀이되었고
> 절망을 이긴 희망이 곁을 지켜주고 있었다
> 기특한 봄꽃들이
> 가루를 날려 적적한 물 위를 덮어준 것처럼

-「물의 비늘」 전문

'물비늘'을 보고 어찌 이런 훌륭한 시를 써낼 수 있는지 가히 무릎이 쳐진다. 객관적 상관물인 물비늘을 통해 정순희 시인은 그동안 삭여왔던 자신의 인생을 운반하고 있다. 비늘은 물고기의 피부를 보호하는 딱딱한 딱지를 말한다. 비늘은 사람으로 말하면 옷이다. 비늘이 없는 물고기는 점액질을 생산해서 옷 역할을 대신한다. 비늘은 외부 공격로부터 자신을 방어하기 위한 수단이다. 물고기라고 해서 다 비늘이 있는 것은 아니다. 메기나 미꾸라지, 동자개 등은 비늘이 없다. 또 상어나 고등어, 방어 등과 같이 빠르게 움직이는 어류는 작거나 상대적으로 적은 비늘을 가지고 있지만, 물흐름이 없고 움직임이 적으며 바위틈이나 기복이 심한 해안에 사는 물고기들, 즉 돔이나 우럭, 붕어나 잉어 등은 거친 비늘을 가지고 있다. 정순희 시인이 말하는 '물의 비늘'은 말하자면 바람에 따라 흔들리게 보이는 물의 피부다. 비늘이 물고기에게만 있는 것은 아니다. 하늘의 비늘, 나무의 비늘, 세월의 비늘, 마음의 비늘, 사랑의 비늘, 책의 비늘, 엄마의 비늘, 용서의 비늘, 화해의 비늘……, 시인들은 자주 비늘에 대해 쓴다. 이 시에서 호수는 '물의 비늘'을 형성하고 있다가 오리 떼가 지나자 비늘이 흔적도 없이 사라진다. 그리고 정순희 시인은 여자로서 "항의하지 못하고 / 목소리 크게 한 번 내

보지 못한 / 평생의 무능함 같은 저 밀려남의 비애"에 대하여 생각한다. 여자로 태어나 딸로서, 아내로서, 엄마로서, 필부로서 노도와 같이 수없이 밀려드는 세상의 파도에 대하여 무능하게 당하고 견디면서 살아왔다. 그리하여 가슴 아픈 날들, 한탄과 원망으로 포기하고 싶은 날들도 많았으리라. 그렇지만 이제 정순희 시인은 안다. "잠시 밀려났던 비늘"이 "오리들 지나가자 흉터 없이 재생된다"는 것을. "비관과 낙관이 되풀이되었"지만 "절망을 이긴 희망이 곁을 지켜주고 있었다"는 것을 깨닫는다. 그리하여 정순희 시인은 "기특한 봄꽃들이 / 가루를 날려 적적한 물 위를 덮어준 것처럼" 세상은 때로 덮을 비늘이 없을 때도 살만한 세상이었다는 것을 이 시에서 말해주고 있다.

불씨는 이미 지펴졌다

산(山)마다 이어지는 행렬
열정에 달뜨겠지만
조금씩 천천히 타오르길 바란다
순식간에 활활 타버리진 말아라
감탄의 노래는 끝이 없다

모든 인연을 물들이는 가을 연정
수줍게 시작했겠으나
곰비임비* 너와 나의 관계를
돈독히 다잡을 저 찬란한 불길

* 곰비임비 : 어떤 일이나 물건이 거듭 쌓여 변화됨을 이름.

-「뜨거운 채색」 전문

정순희 시인이 어느 가을에 가본 풍경일까? 어느 해에 쓴 시일까? 고려대학교 평생교육원 시창작과정에서 13년째 강의하고 있는 나는 며칠 전 제자들과 야외수업을 목적으로 설악산 주전골에 다녀왔다. 이 시가 그 산행 소감을 뒷받침해준다. 그야말로 불타는 산이었고, '뜨거운 채색'이었다. 설악산만 '뜨거운 채색'이 아니라 등산객들의 옷도 '뜨거운 채색'이었다. 지금 나는 이 시집의 작품해설을 쓰면서 정순희라는 웅장하고 깊은 산을 여행하고 있다. 아마도 정순희산은 대구의 어느 산, 팔공산이나 노적봉 근처일 듯하다. 그윽한 마음호수로 둘러쳐진 그 산은 목단꽃 핀 마을로 들어서는 트레킹코스로부터 등반을 시작한다. 그리고 이내 물의 비늘이 출렁거리는 호수를 지난다. 만년 푸른 산 위에서 천년 푸른 소나무를 본다. 죽음을 걸머진 절벽에서 죽음을 너머 죽어도 사는 주목의 인내를 배운다. 억만년 흐르면서 역사를 새긴 바위의 문장을 읽는다. 그리곤 산을 보는 것이 아니라 시 밖에서 시를 보듯 나 밖에서 나를 보게 된다. 그늘이 얼마나 깊은지, 그리고 나(자아)의 깊이는 얼마인지를 바라본다. 또 그대, 즉 타자는 몇 자이고 몇 아름이며 척도를 알아간다. 우리가 산을 오르는 것은 정상을 정복하기 위함이 아니다. 산은 우리에게 젖을 물리고 열매를 먹이며 어깨를 두드려 격려하지만, 때로 산은 우리의 물병을 빼앗고 어깨를 누르며 어서 돌아가라 쫓기도 한다. 산은 진실로 아낄 때 유순하며, 함부로 대할 때 무섭게 화를 낸다. 오르는 것만이 등산의 목적이 아니다. 등산의 목적은 아내와 남편, 시어머니와 직장상사를 흉보며 밀린 스트레스를 풀고, 무사히 빈손으로 돌아가는 것이다. 지금까지 산에게 받으려고만 한 우리가 산에게 무엇을 드렸던가? 산은 존경을 먹고 높이 자란다. 우러름을 먹고 만년 푸르르다. 그러므로 우리가 산에게 드릴 것은 오직 감사요, 순응뿐이다. 나는 지금 정순희산을 오르며 뜨겁게 채색되고 있다.

끝이 보이지 않는
넓디 너른 인터넷 시밭에서
냉이 향처럼 깔끔한 시구詩句 만나면
정성 가득한 밥상 앞에 앉은 듯 즐겁다
맛있는 시상 차려내는 그의 삶을
어느새 슬며시 들여다보는 나를
또 다른 내가 세밀하게 살핀다

이 시의 요리사, 보고 싶지 않은가
그 레시피 배우고 싶지 않은가
양념으로 술술 요술을 뿌릴 지도 모르지
가벼운 술바람의 어느 순간에 오히려

그의 상념이 뚜렷해질지도 몰라

탐나는 마술요리 완성해 내는
그 향기 깊은 영혼 위에
내 영혼을 슬며시 얹어본다
언제 어디서나 아름다운 눈으로
희망의 창이 될 그 맑은 마음을 그리며

-「시 밖에서 시를 보다」 전문

인터넷은 인류에게 혁명을 가져다주었다. 게다가 요즘은 저마다 스마트폰을 가지고 있어 언제든 인터넷 접속이 가능하다. 인터넷이란 모든 컴퓨터를 하나의 통신망 안에 연결하려는 International Network의 준말 Inter+Net = internet이다. 인터넷은 1950년대 영국의 '크리스토퍼 스트라치라'는 사람이 컴퓨터끼리 네트워크를 구성해 시간을 동기화하는 프로젝트를 구상하고 특허를 신청하였는데 이는 인터넷의 근간이 되었다. 이후 1969년 미국의 국방성 복수의 통신망을 집합시킨 광역 통신망인 아파넷을 사용하였는데 인터넷의 일종이다. 1989년 영국의 컴퓨터과학자 '팀 버너스리'라는 사람은 문서뿐만 아니라 소리, 동영상 등을 망라하는 데이터베이스를 구축하고 이를 소프트웨어로 열람하는 방식을 생각해 냈다. 이것이 월드 와이드 웹(World Wide Web)의 약자인 'WWW'의 탄생하게 된 배경이다. 현대사회는 인터넷의 발달에 따라 지구촌이라는 말이 생겨나게 되었다. 특히 최근에는 미국의 글로벌 멀티미디어 엔터테인먼트 회사인 넷플릭스의 호황으로 한국의 미디어산업이 세계적인 인기를 구가하고 있다. 이제 우리는 인터넷이 없이 살 수 없다. 특히 시인들은 날마다 남의 글을 읽고 내 글을 남에게 보여주거나 저장하기 위해 인터넷을 사용한다. 인터넷의 발달로 문학 또한 호황기를 맞았다. 이제 유명시인이 아니더라도 자기만 열심히 하면 언제든 유명시인이 될 수 있다. 윤보영 시인이나 하상욱 시인 같은 사람이 인터넷으로 유명세를 떨치게 된 시인이고, 나 또한 인터넷과 함께 성장해 유명해진 시인이며, 정순희 시인과 나는 인터넷 카페로 만난 사이다. 2000년대 초 정순희 시인은 '생활의 샘터'라는 카페를 운영했고, 나는 '제비꽃반지'라는 카페를 운영했다가 지금은 한국스토리문인협회로 이름을 바꿔 운영하고 있다. 카페, 블로그, 페이스북, 밴드, 카카오스토리, 카톡방 등의 인터넷 SNS에는 하루에도 수천만 건의 사연들이 운반되고 있고, 그중에는 텍스트 시와 디카시, 영상시, 낭송시, 노래가 된 시 등 다양한 방법으로 업그레이드된 시가 각자의 사연들과 함께 운반되고 있다. 정순희 시인이 말처럼 "끝이 보이지 않는 넓디 너른 인터넷 시밭"이다. 그 시밭에는 계절과 밤낮 없이 시가 파종되고 자라난다. "냉이 향처럼 깔끔한 시구詩句 만나면 / 정성 가득한 밥상 앞에 앉은 듯 즐겁다"고 생각하는 건

비단 정순희 시인뿐만이 아니라 모든 시인이 그럴 것이다.

연명의료 거부 의향을 문서로 남겼다
어려운 숙제 끝낸 것처럼
영혼이 다 깃털처럼 가벼워지네
여느 때보다 맑은 웃음 보내는 하늘을 향해
오랜 결심의 실행을 날아갈 듯 고한다
내 생의 열차가 종착역에 도달했을 때
부질없이 생명의 끈을 이을지 말지
가족들의 내적 갈등을 보는 것도 고통일 거야
준비된 이 결심은 얼마나 명쾌한 해답일까
그동안 즐거이 잘 살았잖아
헛된 미련을 주렁주렁 형벌처럼 매달고
어쩌면 살지도 모른다는 희망 따윈 고문이야
코로나19가 많은 부분 비대면을 불러왔지만
죽음만은 그렇지 않아
두려워도 대면해야 끝나는 그 의식 앞에서
소멸의 마지막 존엄을 지켜주면 좋겠어

- 「희망고문 사양하기」 전문

이 시를 읽으니 두 가지 생각이 떠오른다. 하나는 정순희 시인에 대한 생각이고, 다른 하나는 아버지에 대한 생각이다. 10년 전 그녀는 암수술을 받았다. 그리고 그 후유증으로 지금도 뼈를 찌르고 깎는 듯한 고통을 참으며 살고 있다. 정순희 시인을 생각하면 눈물이 핑

돈다. 우린 그동안 남매처럼 살아왔다. 순진 - 순희, 그렇게 본명으로 말해도 남매 같고, 소진 - 순진, 그렇게 필명으로 말해도 남매 같은 이름이다. 이름이 비슷해서 오누이는 아니다. 물론 서로 생업이 있고, 서울과 대구라는 거리상 자주 만날 수는 없었지만, 서로를 배려해주고 응원해주며 지난 25년 동안 오누이로 살아왔던 것 같다. 그런 정순희 시인이 아프다고 하니 살을 찢는 것처럼 마음이 찢어진다. 이 시에서 미루어보아 아마도 정순희 시인은 수술 후 연명치료에 대한 확실한 거부의 뜻을 문서로 남겼나 보다. 지금 당장 정순희 시인이 죽을 것 같지는 않다. 생각건대 앞으로도 20년은 거뜬할 것 같다. 그렇게 응원하고 기도한다. 숨은 쉬고 있되, 의사소통과 자립이 불가능한 사람을 의학용어로는 뇌사라 한다. 그런데 아직 숨이 끊어지지 않았다고 병원에서는 그런 사람에 대해 계속 치료비를 청구하며 연명치료를 시행한다. 우리 아버지가 그랬다. 아버지는 시골의 어느 막국숫집에서 막국수를 잡수시다가 목이 메어서 밖으로 뛰쳐나갔고 숨이 끊어졌다. 다행히 119구조대가 와서 인공호흡으로 숨이 되살아났다. 아버지는 의정부의 큰 병원에 입원하셨다. 병원에서는 '저온치료'를 하자고 한다. 당시 이건희가 같은 상태로 받고 있던 치료방법이다. 사흘 동안의 치료비가 2,000만 원인데, 깨어나실 가능성이 3%란다. 나는 83세나 되신 아버지니 하지 말자고 했지만, 형제 중 한 사람이 '돈이 그렇게

중하냐?'면서 '저온치료'를 하자고 했다. 결국 나는 원망을 들을까봐 울며 겨자 먹기로 저온치료를 했지만, 병원측은 돈만 먹고 뇌사상태의 아버지를 우리에게 건네주며, 이 병원에서는 치료 기간이 지났으니 다른 병원으로 가란다. 그래서 하는 수 없이 아버지를 포천의 한 병원에 입원시켰다. 시간이 지나자 형제들 간에 의견충돌이 자주 일어난다. 연명치료에 의한 병원비는 계속 청구되어 나온다. 나는 담당 주치의와 만났다. "당신들 그렇게도 돈을 벌고 싶어요. 집으로 모시고 갈게 내주세요." 나는 화를 내며 말했다. 그렇게 해서 아버지는 우리 뜻과 다르게 운명하셨다. 결국 두 병원의 배를 불리는데 아버지가 이용되었던 것이다. 물론 숨이 붙어있는 사람에게 가능성이 있긴 하다. 하지만 병원은 이를 이용해 서민의 주머니를 노린다. 설령 몇 년 후에 깨어나신다고 하더라도 90의 나이에 무엇을 할 수 있을까? 연명치료는 서민의 주머니를 터는 병원의 칼이다. 따라서 나는 정순희 시인의 서명에 찬성하고, 죽을 때까지 그를 응원하련다.

매일 부부싸움의 연속이던 그 집 창문에
며칠째 고요가 어둡게 내려앉아 걱정 중인데
새벽 댓바람에 그 집 안주인이 찾아왔다
거칠게 현관문을 두드리며
효소처럼 발효된 숨을 토해냈다

"광식이가 뒈졌어요
세상에 둘도 없는 이쁜 광식이가 갔어요"

연하의 남편을 그녀는 그렇게 불렀다
남편을 땅에 묻고 밤새 술을 마셨는지
흔들리는 눈동자에 혀가 말리는 발음으로
수도 없이 이쁜 남편이었음을 강조하는데
날마다 욕 시합을 해대던 그들의 행적을 짚어보면
반어법인지 가식인지 가늠이 안 된다
들을 때마다 깜짝 놀랄 그 거친 막말과 욕설은
광식이가 떠났다는 그날 최고점을 찍은 듯했다
여태 들어보지 못한 욕설이 새벽을 흔들었으니까

서로 분기탱천 그 아침이 전투의 끝이었는지
며칠을 불도 없이 고요하던 그들 방식의 러브하우스
몇몇이 늦은 문상을 하는 오늘 밤에도 그녀는 만취 상태고
강조에 강조를 거듭하는 세상에서 제일 이쁜 광식
슬픔인지 분노인지를 오열과 함께 쏟아 내는 걸로 보아
모르긴 해도 거친 대화가 그들의 양지였으며
타인은 절대 알 수 없는 깊은 안식의 그늘이었겠지

-「그늘의 깊이」 전문

세상에 싸우지 않고 사는 부부는 없다. 서로 욕을 하거나 물건을 집어 던지지 않을 뿐, 살다 보면 의견충돌 정도는 누구나 있다. 이 시에 나타나는 광식이 부부는 평소 잦은 부부싸움의 목소리가 담장을 넘었던 것 같다. 그늘이란 어느 물체에 가려져 햇빛이 비치지 않은

부분이다. 그런 부분이 크면 그늘이라 하고 작으면 그림자라 한다. 그런데 뉘앙스 상 그늘은 부정적인 뜻이 강하고, 그림자는 긍정적인 측면이 강하게 느껴진다. 이를테면 삶이나 인생은 그늘에 비유하고, 남자나 여자는 그림자에 비유할 수 있다. "그 여자의 얼굴이 그늘졌어."라고 말한다면, 그녀의 인생에 무슨 힘든 상황이 감싸고 있는 것으로 이해할 수 있다. 그런데 "그 여자 옆에는 늘 한 남자가 그림자처럼 따라다녀."라고 한다면 사이가 좋은 커플이나 트윈스의 개념이 더 강할 것이다. 그러나 그 속성은 근본적으로 같다. 그림자는 크고 작게 신축적으로 늘어나지만, 누구를 우롱치 않으며 기죽지 않는다. 그림자는 얼굴이 없지만, 화내지도 남의 말을 옮기지도 않는다. 그림자는 화장을 하거나 향수를 뿌리지 않고, 옷 한 벌로도 언제나 당당하다. 그림자는 삿대질하면 똑같이 삿대질하고 포옹하면 포옹을 따라 한다. 그림자는 당신으로부터 비롯되었기에 평생 변치 않고 당신만 추종한다. 그림자는 밝은 세상을 지향하면서, 늘 당신을 밝은 태양 아래 세운다. 그것이 그늘의 속성이다. 양지와 밝음만으로 생산된 농산물도, 성공도 없다. 적당한 어둠은 거름이다. 밤새 불을 켜놓은 가로등 밑은 농작물이 씨를 맺지 못한다. 실패는 성공의 어머니란 말도 있다. 적당한 가난과 슬픔은 성공의 자양분이 된다. 이 시에서 광식이 처는 광식이보다 연상의 여인이다. 그래서 남편 광식이를 동생처럼 대하고 살았던 것 같다. 싸우면서 정이 든다고 했던가? 둘은 성격이 맞지 않는 부부였을는지 모르지만, 거친 대화는 그 둘만의 대화방식이었고, 사랑의 표현방식이었을 것이다. 그래서 "모르긴 해도 거친 대화가 그들의 양지였으며 / 타인은 절대 알 수 없는 깊은 안식의 그늘이었겠지"라고 추측하는 정순희 시인은 생각의 깊이에 대해 혀를 내두르는 것이다.

그대는 세상 바쁠 것 없는 침착한 재단사
눈금 따윈 사치 표시할 도구도 필요치 않다
오직 스스로 몸의 안무에 집중할 뿐
그대 재단의 방침은 일관되고 허점이 없지
변칙적 계산은 절대 허용 불가

생을 재단하듯 나아가고 나아가는
그대의 걸음걸음은 경건함이 걸작이다
우주를 끌어당기는 오차 없는 거룩한 의식
불신을 품지 않으니 욕심도 없다
또박또박 접어내는 신중한 마름질

그 둥근 보폭 두 번만 연결하면 무한대 기호가 된다
불변함의 원칙으로 자나방이 될 때까지
걸음마다 몰입에 몰입을 더하고
자기 방식의 척도로 세상을 품겠다는 뜻
중구난방 분열들을 절도 있게 모으고
성급한 무리가 질서를 파괴해도
그대는 세상 침착한 자벌레 재단사

-「그대의 척도」

자벌레 한 마리가 나뭇가지 위를 기어가고 있다. 정순희 시인은 이를 놓치지 않고 시의 잣대를 들이댄다. 자벌레는 여름을 재는 재단사라면 정순희 시인은 풍경을 재는 재단사다. 자벌레는 여름으로 나오기 위해 그만의 속계산을 했을 것이다. 벚나무나 느티나무처럼 나뭇잎이 너무 두껍고 거칠지 않을 것, 나뭇잎의 맛이 달작지근할 것, 적당히 이슬이 내려 목이 마르지 않는 계절일 것, 되도록 강가나 시냇가일 것 등은 자벌레가 시기를 잰 척도이리라. 나무에 올라가는 법도 자벌레의 계산된 척도다. 나무 자체에서 태어나기, 입에 실을 물고 날아가 옆 나무로 이동하기, 풀에서 태어나 나무에 기어오르기 같은 경우의 수는 자벌레의 DNA 속에 이미 계산되어 있을 것 같다. 게다가 자벌레는 태풍이 불 때, 가뭄이 지속될 때, 새들이 공격해올 때 숨기고 지탱해 제 몸을 가눌 방법에 대한 계산이 있을 것이다. 그런 모든 것을 자벌레는 경우의 수로 놓고 수천 년 동안 우리 땅에서 인간들과 함께 살아왔다. 아무리 항공방제를 하고, 드론 방제를 하고, 경운기 방제를 해도 자벌레는 자기의 자손을 이 땅에 자손만대 퍼뜨려야 하는 투철한 의무감이 있다. 이런 자벌레의 척도에 대하여 정순희 시인은 그만의 잣대를 들이대고 있다. 정순희 시인이 볼 때 자벌레는 “변칙적 계산은 절대 허용 불가”하다는 것이다. 늘 몸의 길이에 의한 잣대만 사용하는 자벌레의 일관성에 대하여 인간들은 한 수 배워야 한다고 간접적으로 역설한다. "생을 재단하듯 나아가고 나아가는" 자벌레의 오체투지에 대하여, 조금 힘들면 중도에 포기하고 마는 인간들의 나약함을 경계한다. 그래서 정순희 시인은 자벌레의 행동을 "우주를 끌어당기는 오차 없는 거룩한 의식"이라 칭송한다. 그가 말하는 "불신을 품지 않으니 욕심도 없다"란 말은 그가 자벌레라는 객관적 상관물을 통해 인간에게 보내는 경고다. 이는 곧 '믿지 않으면 욕심이 생긴다는 말'로 이웃을 불신하고 상점을 불신하고, 사회를 불신하는데서 오는 병폐에 대한 경고를 보내는 것이다. 그러면서 그는 "자기방식의 척도로 세상을 품겠다는 뜻"이란 말로 '송충이는 솔잎을 먹어야 한다'는 말로 진리를 대신한다. 말하자면 자기의 능력과 경제 규모대로 살아야 한다는 말이다.

이상에서처럼 정순희 시인의 시 몇 수를 읽어보면서 그의 시적 능력을 알아보며, 그의 마음세계를 여행해보았다. 그녀는 시를 쓸 때 관찰에 최선을 다한다. 앞서 언급된 시제들은 모두 선 관찰 후 사색 방식이었다. 「목단이 피던 집」 에서는 동네의 분위기에 대한 관찰이 있고, 「물의 비늘」 에서는 호수에 대한 관찰이 있으며, 「뜨거운 채색」 에서는 가을에 대한 관찰이 있다. 「시 밖에서 시를 보다」 에서는 인터넷과 자아에 대한 깊은 관찰이 있고, 「희망고문 사양하기」 에서는 사회

구조에 대한 관찰이 있고, 「그늘의 깊이」에서는 부조화의 조화에 대한 관찰이 있고, 「그대의 척도」에서는 자벌레의 세상 재기에 대한 관찰이 있다. 그런 관찰 이후 그의 시적 관심은 인간과 인간, 인간과 자연, 인간과 사회, 인간 그 자체 등으로 다양하게 확대된다.

정순희 시인의 시쓰기 방법은 선 관찰 후 성찰의 시쓰기다. 그의 시에는 오리가 지나간 물비늘의 복원에 대한 인간적인 고뇌가 깃들어 있다. 단풍 축제에 대한 사색은 인간의 화려함 추구에 대한 경고를 제시한다. 사소한 자벌레 한 마리의 오체투지를 간과하지 않는다. 그에게 있어 스승 아닌 것이 없으며, 문학적이지 않은 것이 없다. 이러한 시적 혜안은 그녀가 동료 시인들이나 지역사회에서 존경받는 시인으로 거듭나는 이유가 된다.

정순희 시인이 어떻게 이런 시적 능력을 가지게 되었는지 그 경로는 알 수 없다. 추측하건대 그녀는 계속해서 생업을 위해 직장에 다녔고, 최근 몇 년 동안은 건강문제로 병원을 오가며 시간을 보내야 했기에 그녀가 문화센터나 유명시인에게 직접 배우는 시간이 없었다고 생각한다. 그러면 오로지 스스로 터득했다는 말인데, 그런 경우라면 정말 대단한 성과라고 할 수 있다. 안중근 의사께서 "하루라도 책을 읽지 않으면 입안에 가시가 돋친다(一日不讀書 口中生荊棘)"라고 했는데, 아마도 정순희 시인은 하루라도 시를 읽지 않으면 입안에 가시가 돋쳤을 것 같다. 그는 생산직 직원으로 살아오면서도 삶의 질 향상을 위해 늘 손에 시집을 놓지 않았고, 인터넷을 통해 늘 시를 읽어왔던 것 같다.

나는 '도서출판 문학공원'을 운영하는 출판사 대표다. 우리 출판사에는 두 종류의 시집이 출간된다. 하나는 '문학공원 시선'이고, 다른 하나는 '문학공원 기획시선'이다. 우리 출판사에서 출간된 시집은 두 시선을 합쳐 출간된 시집이 300여 권에 이르는데, 나는 대부분의 시집에 작품해설을 집필했다. 정순희 시인이 첫 시집도 이번 시집도 기획시선으로 출간되는 것은 그만큼 그의 시적 능력이 출중하기 때문이다. 그간의 뼈를 깎는듯한 훈련과 습작에 높이 치하드린다.

정순희 시집

뜨거운 채색

초판발행일 2023년 10월 20일

지은이 : 정순희
발행인 : 김순진
편집장 : 전하라
디자인 : 김초롱
펴낸곳 : 도서출판 문학공원
등　록 : 2004년 3월 9일 제6-706호
주　소 : (우편번호 03382) 서울 은평구 통일로 633
녹번오피스텔 501호 스토리문학사
전　화 : 02-2234-1666
팩　스 : 02-2236-1666
홈페이지 : https://blog.naver.com/ksj5562
이메일 : 4615562@hanmail.net

※ 책값은 뒤표지에 있습니다.

※ 저자와의 협의에 의해, 인지는 생략합니다.